**Markus Szaszka** wurde 1986 geboren und ist ein polnisch-österreichischer Romancier und Essayist aus Wien und Millennial, dem die Generation Z auf den Fersen ist. Nach seinem Philosophiestudium zog es den jungen Autor nach Berlin. Dort gründete er den Autorentreff „Ring zeitgenössischer Schriftsteller“ und begann mit dem Schreiben erster Texte. Sein Coming-of-Age-Roman *Der Fuchsbau* wird von der online-taz als montäglicher Fortsetzungsroman veröffentlicht. Sein ebenfalls auf taz.de geführter Blog *Der Nirgendsmann* resultierte Ende 2018 in einer gleichnamigen Gesellschaftskritik in 298 Seiten. Weitere Informationen zum Autor gibt es auf seiner Homepage:
www.markusszaszka.com.

MARKUS SZASZKA

# MEIN FREUND, **DIE ANGST**

RATGEBER

*Wie Sie*
***Panikattacken***
*im Alleingang*
***loswerden.***

Erstausgabe April 2019



ISBN 978-3-96443-359-6
E-Book-ISBN 978-3-94804-504-3

Umschlaggestaltung: Cornelius Schiffmann
unter Verwendung eines Designs von
© Evgenia L/shutterstock.com, © robuart/shutterstock.com
und © sunnyws/shutterstock.com
mit Abbildungen von Buchgewand

Lektorat: Nadine Buranaseda
Korrektorat: Susanne Meier
Satz: dp DIGITAL PUBLISHERS
Druck: Booksfactory.de, Szczecin, Poland



**Storyvents – „*We bring stories to life!*“**

# I
# Dir geht's mies, ich weiß

Wenn du dieses Buch liest, geht es dir höchstwahrscheinlich miserabel. Es kommt dir vielleicht so vor, als hättest du die Kontrolle über dein Innenleben verloren. Du wünschst dir Besserung, aber du kannst dir nicht so recht vorstellen, wie es besser werden soll.

Wenn das der Fall ist, dann fühle ich mit dir. Es ist ein richtig beschissenes Gefühl. Viel wichtiger ist aber, zu verstehen, dass es dir bald wieder gut gehen wird. Das mag momentan nicht besonders realistisch für dich klingen, aber du kannst mir getrost glauben, weil ich selbst durchgemacht habe, was du gerade durchmachst. Falls du gewillt bist, etwas für deine Besserung zu tun, kann ich sie dir sogar versprechen.

Also lass uns nicht lange um den heißen Brei herumreden, sondern kommen wir gleich zum Kern der Angelegenheit, damit du bald wieder ruhig, zufrieden und angstfrei auf einer Parkbank sitzen und Enten auf einem Teich oder den Sonnenuntergang bestaunen kannst, sollte dir so etwas Kitschiges liegen – mir schon.

**Akut-Tipp Nr. 1:**
Falls du derart große Konzentrationsschwierigkeiten haben solltest, dass es dir schwerfällt, diesen Text zu lesen, dann probier Folgendes: Manchen Betroffenen hilft Musik erstaunlich gut, um den Angstkreislauf zu

durchbrechen. Versuch's einfach. Wenn's klappt, verschaffst du dir eine kurze Verschnaufpause. Wenn nicht, was soll's – dann hast du nichts verloren.

Am besten hörst du ein paar Songs von einem deiner Lieblingsinterpreten, optimalerweise sind es Lieder, die dich emotional positiv beeinflusst haben, etwa an erfreuliche Begebenheiten erinnern oder motivieren, deinen mentalen Arsch hochzubekommen. Und wenn du besonders mutig bist, kannst du währenddessen einen Spaziergang um den Block machen. Bewegung ist ebenfalls ein gutes Erste-Hilfe-Mittel gegen die Angst.

# II
# Dir wird es wieder besser gehen

Du fragst dich vielleicht – beziehungsweise hoffentlich –, wie ich mir so sicher sein kann, dass du dich eines nicht allzu fernen Tages wieder in einer kitschigen Szenerie à la Hollywood wiederfinden könntest. Ganz einfach: Statistisch gesehen ist die Wahrscheinlichkeit sehr hoch.

Eine Studie[1] hat ergeben, dass sich über neunzig Prozent der Angstpatienten, die aktiv etwas gegen ihre Erkrankung tun, nach ein bis fünf Jahren als vollständig oder beinahe vollständig geheilt bezeichnen. Vielen geht es bereits nach einem Jahr deutlich besser als zu Beginn ihrer Erkrankung. Die Krux an der Geschichte: Rund die Hälfte aller Angstpatienten lässt sich weder behandeln noch tut sie selbst etwas, um ihre Ängste und Panikattacken in den Griff zu bekommen. Diese Menschen geben sich auf, und es gelingt ihnen häufig erst nach zehn Jahren und mehr, aus ihrem dunklen Loch herauszuklettern – oder nie.

Die Besserung einer Angststörung kann damit auf eine simple Formel heruntergebrochen werden, die der Komplexität dieser Thematik zwar nicht gerecht

[1] Vgl. Universität Greifswald: Panik ist heilbar, in: https://www.scinexx.de/news/biowissen/panik-ist-heilbar/ (aufgerufen am 15.01.2019)

wird, dafür den Kern dieses Ratgebers und meines Anliegens an dich verdeutlicht: **Arbeitest du an dir und deiner Psyche, wirst du aller Wahrscheinlichkeit nach bald keine Panikattacken mehr haben, tust du es nicht, wirst du wahrscheinlich noch lange leiden.**

Eines möchte ich an dieser Stelle gesondert hervorheben, weil realistische Erwartungen eine Voraussetzung sind, damit eine möglichst effiziente Selbsthilfe im Bereich der Angst- und Panikbewältigung geleistet werden kann. Nach Beginn der Eigentherapie dauert es in der Regel ein paar Wochen oder Monate, bis sich eine erste deutliche und nachhaltige Besserung der psychischen Befindlichkeit einstellt. Mit manchen Methoden und Hilfsmitteln können auch sofort, von jetzt auf gleich, gute, bessere und sogar fantastische Momente in deinem Leben erzeugt werden – was wir auch tun werden –, aber eine andauernde Verbesserung erfordert Arbeit und Zeit.

So wenig, wie eine Angststörung von heute auf morgen entsteht, so wenig kann sie in kürzester Zeit wegoperiert oder weggezaubert werden, auch wenn das einige Wunderheiler im Internet versprechen. Du überweist ihnen Geld und sie coachen dir per Skype-Telefonat deine Panik weg ... Nein, so geht das – leider – nicht.

In diesem Buch werde ich immer wieder Akut-Tipps geben, die sofort helfen können, es aber nicht müssen. Abgesehen von verschreibungspflichtigen Tabletten, denn die helfen auf jeden Fall und sind dementsprechend mit Vorsicht zu genießen, da sie nicht ohne Nebenwirkungen funktionieren und süchtig machen und folglich wieder zu Panikattacken führen können. Aber eins nach dem anderen. Die „Wundertabletten“ werde ich in den Kapiteln V und VI dieses Ratgebers näher behandeln.

Und falls du sofort auf die Akut-Tipps aus bist, was ich schwer annehme, weil ich deine Situation nur zu gut kenne, dann schau sie dir ruhig in Kapitel XIII in gesammelter Form an. Dennoch empfehle ich dir, danach das ganze Buch zu lesen, da die Akut-Tipps keine langfristige Besserung deiner Situation erwirken können, sondern dazu da sind, dir Luft zum Atmen zu verschaffen.

Und jetzt kommen wir schon zu dem, was dir helfen wird, diesen ganzen Mist hinter dir zu lassen: deine Arbeit an dir selbst aka deine Konfrontation mit Situationen, die dir Angst machen. Wenn du aktuell permanent Angst und Panik hast, wirst du dir jeden der für dich wichtigen Lebensbereiche wieder zurückerkämpfen müssen. Das dauert zwar ein bisschen, aber es zahlt sich so was von aus! Wie der große Philosoph Will Smith einst so schön sagte: „The best things in life are on the other side of fear“ – Die besten Dinge im Leben befinden sich auf der anderen Seite der Angst.

**Akut-Hinweis Nr. 1:**
Von einer Panikattacke stirbt man nicht. Es droht dir kein Herzinfarkt, kein Schlaganfall oder Ähnliches. Es kommt dir nur so vor!

Da hätte ich auch selbst draufkommen können, wirst du vielleicht denken. Ja, das glaube ich auch. Und das bist du auch, denn nur, wer sich aufgibt, bleibt zurück, aber du tust schon etwas, damit es dir besser geht, zum Beispiel liest du dieses Buch. Wichtig ist nur, zu verstehen, dass *du* diese „Arbeit an dir selbst“ durchführen musst und sie niemand sonst für dich erledigen kann, nicht der Pillenarzt, kein Therapeut, nicht die Familie, Freunde oder der Partner. Helfen kannst dir nur du!

Das geht langsam oder halbwegs schnell, deprimiert oder halbwegs spaßig. Wenn du Lust hast, machen wir es auf die halbwegs schnelle und spaßige Art.

# III
# Moment mal! Wer ist dieser Typ überhaupt?

Guten Tag, mein Name ist Markus Szaszka. Heute bin ich Roman- und Sachbuchautor, Essayist für eine Zeitung, und ich arbeite voller Hingabe bei Selfpublishingo.com, wo ich junge Autoren auf ihrem Weg zu Ruhm und Ehre begleite. Das alles mache ich von zu Hause, einem Café oder einer Bar aus, so wie ich es mir als Teenager erträumt habe.

Vor drei Jahren war ich ein Häufchen Elend. Ich war zwar schon damals daheim tätig, aber in Berufen, die mich nicht glücklich machten, nämlich als SEO-Texter und Ghostwriter akademischer Arbeiten. Beides bereitete mir Schuldgefühle, weil ich Leute unterstützte, die nicht ganz „sauber“ waren – aber das ist eine andere Geschichte.

Mittlerweile spreche ich gerne mit Menschen aller Art. Sooft es mir möglich ist, treffe ich Freunde auf einen Kaffee oder ein Bierchen und plausche bei Gelegenheit mit dem Bäcker oder dem Postboten und auch sonst mit jedem, der mir über den Weg läuft.

Vor drei Jahren habe ich es nach Möglichkeit vermieden, mit irgendwem zu sprechen. Wenn ich jemanden traf, musste ich diese Person gut kennen und am liebsten alleine mit ihr sein, da mich die kompetitive Gruppendynamik von mehr als zwei Menschen schnell überforderte. Ich ging lieber zu Fuß, als mit der U-Bahn zu fahren, auch wenn es sich um lange Strecken handelte, und war heilfroh, dass ich manchmal tagelang mit niemandem reden musste und mich zu Hause einsperren konnte.

Inzwischen gehe ich, manchmal wenn ich ein wenig Zeit übrighabe, einfach so nach draußen, um mich mit einem Zufallspassanten in einem Park oder sonst wo auszutauschen. Das ist vielleicht nicht jedermanns Sache, aber mir tut der Kontakt zu anderen Menschen gut, weshalb ich mir möglichst viel davon hole.

Damals war ich noch derart in mich gekehrt, dass man mich beim Bestellen an einem Imbiss oder beim Bezahlen im Supermarkt kaum hören konnte. Ich war sowohl schüchtern als auch introvertiert (was nicht das Gleiche ist), vor allem aber ängstlich (wieder ein anderes Paar Schuhe).

**Akut-Hinweis Nr. 2:**
Laut Susan Pinkers Buch *The Village Effect*, 2014 erschienen, haben Faktoren wie Rauchen, Trinken, Sport, Ernährung und ähnliche Fitness-Evergreens einen geringeren Einfluss auf unser zu erwartendes Lebensalter als soziale Aspekte, wie zum Beispiel das soziale Netzwerk, in das wir eingebunden sind, die Qualität unserer täglichen Interaktionen mit anderen, ob wir alleine leben, in einer WG oder mit einem Partner.

In den vergangenen Jahren hat sich vieles in meinem Leben zum Positiven verändert, und obwohl Erfolge in meiner Karriere als Schriftsteller sowie die Vermählung mit meiner Frau dazugehören, bleibt für mich das herausstechende Highlight dieser Zeit, dass ich mir meine Angststörung im Alleingang habe austreiben können. Ohne diese Leistung wären all die anderen Errungenschaften nämlich nicht möglich gewesen.

Ich hoffe sehr, dass dir meine Geschichte auf deinem Weg der Genesung helfen wird, und möchte mit dem Tag null beginnen, an dem ich meine erste Panikattacke hatte.

Was vor diesem Tag in meinem Leben passiert war, ist für den Zweck dieses Buches nicht zwingend wichtig. Klar, es hat zu der Zeit gewisse Aspekte gegeben, die den Ausbruch meiner psychischen Störung gefördert haben, zum Beispiel übermäßiger Alkoholkonsum, ungesunde Ernährung, ein unschöner Bruch mit meinem damaligen Freundeskreis und Ähnliches. Es gibt Puzzlestücke, über die ich mir im Klaren bin und die ich im Verlauf dieses Ratgebers erwähnen werde, es gibt aber auch solche, von denen ich bis heute nichts weiß. Und das ist okay so, denn es ist nicht erforderlich, die Gründe für eine Angststörung bis ins kleinste Detail zu erforschen, um sie loszuwerden. Abgesehen davon: Die Ursachen für eine Angststörung sind bei jedem Betroffenen verschieden, vielmehr ähnelt sich der Weg aus der Erkrankung heraus.

Dementsprechend soll mein Bericht als lösungsorientierter Ansatz zur Selbsthilfe verstanden werden, nicht als problemorientierte Dokumentation einer Erkrankung.

Ebenfalls denke ich, dass der Fokus auf deine Probleme, liebe Leserin, lieber Leser, das Letzte ist, was du im Moment benötigst.

Ein letztes Wort noch zu dem, was ich mit diesem Buch erreichen möchte: Betroffenen helfen, die mit ihren Ängsten und Panikattacken zu kämpfen haben, damit sie bald wieder Freude am Leben empfinden können. Ich freue mich natürlich auch über jeden anderen Leser.

**Akut-Tipp Nr. 2:**

Lies gute Bücher oder Textpassagen, die dir einen Einblick in das Wesen des Glücks verschaffen. Du kannst dir natürlich auch Hörbücher besorgen, so kannst du schneller „lesen" und es nebenbei tun, während eines Spaziergangs, in der Straßenbahn, beim Abwasch. In Kapitel XIV findest du eine Liste mit Büchern und anderen Quellen, die mir geholfen haben, glücklicher zu werden. Die zwei wichtigsten Autoren:

Der Dalai Lama. Von ihm gibt es kurze „Snack"-Weisheiten in gesammelter Buchform, die zum positiven Denken anregen. Und der Existenzanalytiker Viktor E. Frankl – ein Gott in Sachen Glückstheorie. Er hilft, zu verstehen, dass es keinen direkten Weg zum Glück gibt.

# IV
# Die Stunde null – Wie alles beginnt

Nichts, was derart fundamentale Veränderungen im Verhalten eines Menschen auslöst, wie es eine Angststörung tut, stellt sich von einem Tag auf den anderen ein.[2] Gleichzeitig ist es in den allermeisten Fällen so, dass der an Angst Erkrankte nicht merkt, wie es in seiner Psyche brodelt, bis es „zu spät“ ist, sich also Panikattacken einstellen. Kommt es so weit, hat der Betroffene nicht selten das Gefühl, als wäre er urplötzlich krank geworden, aber nicht psychisch, sondern körperlich.

Die Faktoren, die das Heranwachsen einer Angststörung begünstigen, können mannigfaltig sein und über Jahre oder sogar Jahrzehnte den Alltag eines Menschen begleiten. Negative Angewohnheiten – vom Rauchen bis zur Prokrastination, es kann alles Mögliche sein –, das Vermeiden einer ehrlichen Auseinandersetzung mit vermeintlich unbedeutenden Ängsten, das Belügen von sich selbst, wenn es um die eigenen Wünsche, Hoffnungen, Stärken und Schwächen geht, der negative Einfluss von Mitmenschen et cetera. Das

[2] Abgesehen von mechanischen Verletzungen des Gehirns aufgrund von Unfällen, Folgeschäden aufgrund von Drogenmissbrauch und ähnlich unnatürlichen Einwirkungen auf den Organismus.

alles kann Stück für Stück dazu führen, dass es unserer Psyche irgendwann einmal zu viel wird.

Dann fehlt nicht mehr viel und es kann sogar ein von außen betrachtet unbedeutendes Ereignis dazu führen, dass das sprichwörtliche Fass überläuft und es mit den Panikattacken losgeht. Und weil bereits unscheinbare Ereignisse eine akute Angststörung auslösen können, wird sie in vielen Fällen nicht sofort als solche erkannt.

Folglich ist es auch leicht zu verstehen, dass die Ursachen einer Angststörung bei jedem Betroffenen unterschiedlich sind, genauso wie der Auslöser der ersten Panikattacke bei jedem ein anderer ist.

Unsere einzigartigen Lebensgeschichten sind als Hintergründe zu verstehen, auf die unser jetziges Handeln und Denken aufgetragen werden. Durch fortwährendes, für unsere Psychen schadhaftes Handeln und Denken haben wir sinnbildliche Wege in unseren Gehirnen festgetreten, die mit jedem Mal, wenn wir eine negative Verhaltensweise zugelassen haben, tiefer und breiter werden konnten.

Angst und Panik sind als Weg zu verstehen, den wir „Angsthasen" selbst breitgetreten haben. Natürlich sind manche Menschen anfälliger für psychische Erkrankungen als andere, Stichwort: genetische Dispositionen. Und auch der Einfluss unserer Mitmenschen, auch als Sozialisation bekannt, spielt eine Rolle bei der Entstehung von psychischen Störungen. Allerdings, und hier kommt die gute Nachricht, kann uns nichts und niemand zwingen, den Weg der Angst und Panik weiterhin breitzutreten, weder unsere Gene noch unsere Mitmenschen.

**Es ist zwar nicht leicht, unsere gewohnte Spur von heute auf morgen zu wechseln, aber wir können die Straße der Angst mit der Zeit zu einem Pfad verkommen lassen und gleichzeitig die aktuell kaum sichtbaren Wanderwege des Muts, der Neugier und des Glücks wieder zu breiten Alleen ausbauen.**

Du kannst dir das Ganze wie eine Bauarbeit vorstellen. Mit jedem Mal, bei dem du dich für den lebensfrohen Weg entscheidest, baust du diesen etwas mehr aus. Erwähnenswert ist ebenfalls, dass du unmöglich gleichzeitig an zwei entgegengesetzten Trassen arbeiten kannst.

Es ist immer eine Entweder-oder-Entscheidung: das Gewohnte oder das Neue, die Angst oder der Mut, graue Regenwolken oder blauer Himmel.

Je mehr wir gewisse Pfade unserer Psyche ausbauen, desto einfacher wird es, sie zu begehen. Im Umkehrschluss bedeutet das, dass selten benutzte Wege für unser inneres Ich schwer zu finden sind, es sie folglich nicht beziehungsweise selten begehen kann.

**Akut-Hinweis Nr. 3:**
Für dich sollte es aktuell Ziel sein, die noch sehr breite Straße der Angst zu einem kaum noch sichtbaren Trampelpfad verkommen zu lassen.

Vor meiner ersten Panikattacke hatte ich derart ungesund und unbewusst gelebt, dass ich das drohende Elend nicht auf mich zukommen sah und es mich deshalb unvorbereitet und mit voller Wucht treffen konnte.

Obwohl ich in der Einleitung schrieb, dass es nicht zielführend ist, sich allzu intensiv mit den Ursachen einer Angststörung zu befassen, werde ich meine an dieser Stelle wenigstens skizzieren.

Vielleicht helfen dir diese Ausführungen, ein paar deiner schädlichen Denk- und Verhaltensweisen auszumachen, die dir bisher möglicherweise nicht aufgefallen sind, so wie auch ich eine lange Zeit Schwierigkeiten hatte, sie bei mir ausfindig zu machen. Denn:

**Akut-Hinweis Nr. 4:**
Das „Unbewusstsein", sprich nicht zu reflektieren, was und wie man denkt und tut, ist einer der Top-Gründe, wenn nicht sogar der wesentlichste Grund, für das Aufkommen von Angststörungen. Und wenn man nicht aktiv etwas dafür tut, um sich seiner selbst bewusst zu werden, kann man sehr schnell von der eigenen Psyche hereingelegt werden, etwa in Form von generalisierten Angststörungen.

Das mag dem ein oder anderen ein wenig zu spirituell klingen, aber das achtsame Leben, der Einklang mit sich selbst und der Umwelt, das sind nun einmal Dinge, die einen davor bewahren können, in eine psychische Misere zu stolpern – an dieser Stelle ein Tschüss an alle zynischen Skeptiker, die bis hierher durchgehalten haben.

Ich denke, dass ich meine Aussagen am einfachsten anhand meines Fallbeispiels illustrieren kann. Es war im Winter 2014/15, als meine Angststörung ihr scheußliches Gesicht zum ersten Mal zeigte. Von meinem jetzigen Standpunkt betrachtet, lebte ich damals ein unglückliches und ungesundes Leben, was ich gekonnt vor mir verbarg, denn die meiste Zeit über dachte ich, dass ich der Größte wäre – pleite, verkatert, leicht reizbar, yeah! Dafür gibt es ein schönes Wort: Ich war präpotent (im Sinne von überheblich), und das bis zum Abwinken.

Meine Freunde traf ich schon vor meinen ersten Panikattacken kaum, und auf neue Bekanntschaften hatte ich zu diesem Zeitpunkt auch keine Lust, denn ich hatte an jedem etwas auszusetzen. Die meisten, auf die ich traf, waren mir entweder zu dumm, zu langweilig oder zu unhöflich, womit ich ihnen natürlich Unrecht tat, denn jeder kann interessant sein, wenn man nur richtig zuzuhören vermag und sich selbst nicht als den Mittelpunkt der Welt betrachtet.

Aber wie konnte es dazu kommen? Noch zwei Jahre zuvor hatte ich viele Freunde und Bekannte gehabt.

Zwei Dinge waren passiert. Erstens, ich war von Wien, meiner Heimatstadt, nach Berlin gezogen, wo ich zunächst zwar viele neue Bekanntschaften schloss, aus denen aber keine engen Freundschaften erwuchsen.

Zweitens, ich hatte meine damalige Freundin und jetzige Frau kennengelernt. Gemeinsam haben wir getan, was viele Pärchen tun, nachdem sie zusammengekommen sind: Wir konzentrierten uns nur noch aufeinander und verloren so den Kontakt zu unseren Freunden und Bekannten. Das geschah nicht mit Absicht, wir merkten es nicht einmal, und eine Zeit lang waren wir uns auch genug. Aber nach rund zwei Jahren verging diese Phase, und wir sehnten und beide wieder verstärkt nach anderen Menschen, nach Freundschaften außerhalb der Beziehung.

Da meine Frau von Grund auf einen eher offenen und extrovertierten Charakter hat und ich einen zurückhaltenden und introvertierten, gelang es ihr damals schneller, wieder Anschluss und Freunde zu finden.

Nicht dass Zurückhaltung und Introvertiertheit etwas Negatives wären, ganz im Gegenteil, es können großartige Eigenschaften sein. Sowohl die Introvertiertheit als auch die heutzutage modische Extrovertiertheit haben Vor- und Nachteile, allerdings sollte man sich dieser bewusst sein, um sie richtig für sich nutzen zu können.

Genau hierzu war ich damals noch nicht fähig, weshalb mir meine Zurückhaltung und Introvertiertheit im Weg standen, denn ich wollte gute Freunde haben, mit ihnen abhängen und glücklich sein, nur war mir niemand gut genug, und ich schaffte es, mir vorzugaukeln, dass das Leben als einsamer Wolf viel cooler sei.

Der Grund für dieses irrationale Verhalten ist zum Teil auf einen Jahre zuvor vonstattengegangenen Bruch (mea culpa) mit meinem Wiener Freundeskreis zurückzuführen, von dem ich mich nicht erholt hatte, weil ich ihn nicht bewusst verarbeitete, sondern so gut es ging verdrängte. Anstatt mich einer unerfreulichen Aussprache zu stellen, machte ich es mir einfach und haute nach Berlin ab, wo ich ein neues Leben begann, zu viel trank und dachte, dass ich meine Vergangenheit mir nichts, dir nichts hinter mir lassen könnte – aber so funktioniert das nicht. Meine Schuldgefühle schlummerten in mir und warteten, bis ich schwach genug war, um mir einen gehörigen Arschtritt zu verpassen.

Ebenfalls erwähnenswert ist, dass mein Wiener Freundeskreis aus lauter Künstlern bestand, vor allem Musikern, und es unser aller Ziel war, im Mittelpunkt zu stehen sowie reich und berühmt zu werden. Bei mir hatte es nicht geklappt, bei den anderen schon, und zwar in den Monaten, bevor sich meine ersten Panikattacken einstellten. Einer der Gründe, weshalb sie auftauchten, war damit auch mein Neid auf meine früheren Freunde, die es im Unterschied zu mir „geschafft" hatten.

Wie du dir sicher denken kannst, habe ich auch diese Tatsache vor mir geleugnet und redete mir ein, dass sie ihren Erfolg nicht verdient hätten und nur Schrott produzieren würden, dabei hatten sie hart für ihren Erfolg gearbeitet und ihn sich verdient – während ich auf Partys ging, trank und mich geiler fand, als ich war.

Ein weiterer Faktor, der zu meiner Erkrankung beitrug, war meine allgemein ungesunde Lebensführung: miserable Ernährung, Zigaretten, Alkohol, kein Sport und so weiter.

Für sich allein genommen, hätte keiner der bisher erwähnten Aspekte ausgereicht, eine psychische Störung bei mir auszulösen. Aber im Zusammenspiel vermochten sie, mich aus dem Gleichgewicht zu bringen.

Am schwersten wog jedoch die Tatsache, dass ich ein Leben führte, das ich nicht führen wollte, Träume hatte, sie aber nicht verfolgte, und dass ich mich unaufhörlich selbst belog, indem ich mir sagte, dass alles in Ordnung sei.

Ich war schon als Kind äußerst schüchtern und ängstlich, was sich beispielsweise darin äußerte, dass ich in der Schule und später an der Uni stets ganz hinten sitzen wollte, da ich mich ansonsten unwohl und beobachtet gefühlt habe. So war es auch in Straßenbahnen, Kinos und überall sonst, wo Menschen hinter mir sitzen konnten. Diese Furcht vor der Meinung und Beurteilung der anderen entstand zu einem Teil aufgrund häuslicher, auf Sicherheit fokussierter Sozialisation und zu einem anderen Teil aufgrund eines traumatischen Ereignisses in der fünften Schulstufe – so habe ich es zumindest mit meinem Therapeuten herausgearbeitet.[3]

Es war so, dass ich mit elf Jahren ein Referat vor der ganzen Klasse halten musste, was gehörig in die Hose ging. Ich wurde rot im Gesicht, weinte, und die anderen Kinder lachten mich aus. Wenn ich jetzt darüber nachdenke, muss ich selbst grinsen, aber als Kind dürfte dieses Ereignis prägend für mich gewesen sein – es ließ mich vorsichtiger werden.

Das sind Ursachen, von denen ich hier erzähle, um aufzuzeigen, wie vielfältig die Gründe für eine Angststörung sein können und dass es meistens nicht nur einen gibt, sondern dass eine ganze Biografie zur Manifestierung dieser Erkrankung führen kann.

Für die Gesundung spielt das alles jedoch eine eher untergeordnete Rolle.

[3] Zur Info: Den habe ich erst besucht, nachdem ich meine Angststörung im Alleingang losgeworden war.

**Akut-Hinweis Nr. 5:**
Denk nicht unnötig viel über das Weshalb und Warum deiner Panikattacken nach. Ich weiß, dass das schwer ist, denn wenn man schon mal vom Angststrudel erfasst wurde, denkt man vor allem an das Negative aus der Vergangenheit und an Negatives, das in Zukunft vielleicht noch passieren wird.

Gleichzeitig ist es hilfreich, sich bewusst zu machen, dass Angststörungen nicht grundlos entstehen. Wieso ist das hilfreich? Weil Ursachen bekämpft werden können. Nimm vor allem diese Erkenntnis mit.

Meinen Ursachen bin ich übrigens erst im Laufe der Jahre auf die Schliche gekommen, nicht zu Beginn meiner Erkrankung und nicht, als meine Genesung schon begann. Deshalb kann ich mir derart sicher sein, dass sie nicht der Bereich sein sollten, auf den du dich momentan fokussieren solltest.

## Der Auslöser

Der Auslöser einer ersten Panikattacke oder einer ersten Serie von Panikattacken kann derart lapidar sein, dass es schwerfällt, zu verstehen, was überhaupt passiert ist. Da fliegt dir schon dein Innenleben um die Ohren, und dabei ist gar nichts Besonderes vorgefallen. Hm? Komisch! Aber wenn es so weit kommt, ist die Psyche bereits angegriffen und das Nervenkostüm dünn gewesen.

Bei mir war es so, dass mich ein abendlicher Schreianfall eines cholerischen Nachbarn dazu gebracht hat, stundenlang nicht einschlafen zu können. Ich hatte eine Couch verschoben, und das war dem alten Mann aus der Wohnung unter mir zu viel gewesen. Er kam hoch, brüllte mich unvermittelt an und ging wieder. Ich hatte damals die Einstellung, dass es immer besser sei, auf Paroli zu verzichten, denn wenn man der Ruhige blieb, war man dem anderen moralisch überlegen. Na ja, das hat, zumindest an diesem Abend, nicht besonders gut funktioniert.

Während meine Freundin friedlich schlief, wälzte ich mich von einer Seite auf die andere und ließ das Geschehene wieder und wieder vor meinem inneren Auge ablaufen – wie er schrie, was ich dagegen hätte machen können und was für ein Arsch er war. Ich wünschte ihm alles Schlechte, mein Herz raste, und es war schwer, mich zu beruhigen.

Am nächsten Morgen war alles wieder gut – dachte ich. Eine Panikattacke war mein nächtliches Abenteuer noch nicht gewesen, sondern ein wütendes und wirres Herumstolpern im Labyrinth meiner verschmutzten Psyche.

**Akut-Tipp Nr. 3:**

Der Begriff der „Psychohygiene", unter anderem von Viktor Frankl verwendet, ist mir im Zuge meiner Recherche zur Glücksfindung besonders stark in Erinnerung geblieben. Häufig wird er auch im Zusammenhang mit Salutogenese oder Resilienz verwendet.

Dir könnte es helfen, in diesen Bereichen zu forschen, dich einzulesen, und wenn es „nur" auf Wikipedia ist. Die Vorstellung, die Psyche zu reinigen, sauber und hygienisch zu halten wie ein Badezimmer, hat mir während meiner akuten Panik-Phase geholfen, ein gesünderes Verhältnis zu meiner Psyche zu entwickeln. Vielleicht nützt dir diese Erkenntnis ebenfalls.

Am kommenden Tag war also alles wieder okay – scheinbar. Die Mutter und die Tante meiner Freundin besuchten uns übers Wochenende, und wir überlegten, was wir unternehmen wollten. Meine Freundin und ihre Mutter machten einen Spaziergang, und ich ging mit der Tante ins Museum, wo es mich endgültig erwischte. Nach ein paar Stunden des Herumlaufens und Artefakte-Schauens fühlte ich mich plötzlich unwohl, mir war ein bisschen schwummerig zumute, mir wackelten die Beine, und ich vermutete, dass ich etwas Schlechtes gegessen oder getrunken haben musste.

**Akut-Hinweis Nr. 6:**
Panikattacken können besonders zu Beginn tückisch sein, da Betroffenen der notwendige Erfahrungsschatz fehlt, um ihre Situation richtig beurteilen zu können. Es passiert häufig, dass Erkrankte versuchen, anhand ihrer Symptome ein körperliches Leiden auszumachen, obwohl der Ursprung ihres Unwohlseins allein in ihrer Psyche begründet ist.

Das Ende vom Lied war, dass wir wegen mir nach Hause gehen mussten, ich mich ins Bett legte und die kommenden Tage, Wochen und Monate Schwierigkeiten hatte, aus selbigem wieder herauszukommen.

Während der ersten Tage meiner Erkrankung, als ich dachte, ich hätte was mit dem Magen, war eines besonders bitter, nämlich dass mir niemand so recht glauben wollte, mir würde etwas fehlen.

Meine Freundin und ihre Verwandten dachten, ich simuliere nur, damit ich nichts mit ihnen unternehmen müsse. Ich kann es ihnen nicht verübeln, denn ich sah komplett gesund aus, nur ein wenig traurig, und nicht mal ich wusste, was wirklich mit mir los war.

Nach wenigen Tagen war die Familie meiner Freundin wieder weg, und das neue Jahr nahte. Manchmal schleppte ich mich außer Haus, aber stets von einem Gefühl des Schwindels begleitet, dessen Ursprung ich nach wie vor in meinem Magen verortete. Dieser Schwindel samt den schwitzigen Händen und den wackeligen Beinen, das waren keine besonders dramatischen Symptome, aber augenscheinlich stimmte irgendetwas nicht mit mir. Offensichtlich war das aber nur für mich.

Silvester wollte ich ins Wasser fallen lassen, aber meine Freundin „zerrte" mich mit nach draußen, zu einer Party bei einer Freundin. Auf dem Weg dorthin ging es mir nicht gut, doch dort, nach einem Bier und einem Shot Wodka, siehe da, war alles wieder in Ordnung. Da war keine Übelkeit mehr, keine wackeligen Beine, kein Schwindelgefühl. Diese Besserung hielt für ein paar Stunden, und dann fing das neue Jahr an, wie das vergangene aufgehört hatte, nämlich mit Übelkeit im Bett.

**Akut-Tipp Nr. 4:**

Folgendes sollte ich vielleicht nicht empfehlen, weil es um Alkohol geht, aber mir hat eben dieser hin und wieder geholfen, deshalb mache ich es einfach: Eine kleine Menge, vernünftig (!) eingesetzt, kann helfen, den Kreislauf aus negativen Gedanken für kurze Zeit zu unterbrechen.

Alkohol kann, wie wir wissen, eine entspannende Wirkung haben, und zwar auf Körper und Psyche. Prinzipiell wirkt er ähnlich wie Musik oder Sport. Aber Vorsicht: Zu häufig oder in zu hohen Mengen eingesetzt, hilft er nicht mehr, sondern verstärkt die Angst unter Umständen noch, also geh behutsam mit diesem recht unvernünftigen Tipp um.

# V
# Herr Doktor, mein Körper lässt mich im Stich

Seit meiner ersten Panikattacke im Museum war eine Woche vergangen, und ich begann, zu verstehen, dass ich wahrscheinlich doch kein Problem mit meinem Magen hatte. Mittlerweile lokalisierte ich den Ursprung meines Schwindels, der mein primäres Symptom darstellte, in meinem Kopf. Dass ich in erster Linie ängstlich war, bemerkte ich noch immer nicht.

Wie ich heute weiß, entsteht das Schwindelgefühl, das von vielen Angstpatienten wahrgenommen wird, aufgrund von falscher Atmung. Im nervösen, ängstlichen oder panischen Zustand atmen wir schneller und/oder tiefer, was dazu führt, dass wir unseren Körpern zu viel Sauerstoff zuführen und folglich eine zu geringe Konzentration an Kohlendioxid im Blut vorhanden ist.

Man muss nicht hyperventilieren – wie es gerne in Filmen gezeigt wird –, komplett außer Atem sein und vor Angst zittern und schwitzen, um ein Schwindelgefühl wegen falscher Atmung zu entwickeln.

Bei mir war es so, dass ich mich zu Beginn meiner Erkrankung auf meinen flauen Magen und meine veränderte Wahrnehmung der Außenwelt fokussierte, weshalb mir meine „falsche" Atmung überhaupt nicht auffiel.

**Akut-Tipp Nr. 5:**
Trotz ihrer übertriebenen Darstellung können wir aus filmischen Panikattacken etwas lernen, und zwar das Atmen in eine Papiertüte – ein Klassiker. Dieser Trick hilft dabei, dem Körper weniger Sauerstoff und mehr Kohlendioxid zuzuführen.

Um dem Schwindel entgegenzuwirken, solltest du auf deine Atmung achten und lernen, wie du sie regulieren kannst, was während der Akut-Phase einer Angsterkrankung schwierig sein kann, da einem sowohl Konzentration als auch Geduld fehlen. Aber es geht nicht darum, von null auf hundert ein Meister der Atemregulation zu werden. **Kleine Schritte sind der Schlüssel zum Erfolg.** Diese Plattitüde ist nicht nur auf schwindelfreie Atmung anzuwenden, sondern ferner auch auf die Bewältigung deiner Angststörung im Allgemeinen.

Vor allem Meditation eignet sich, um das achtsame Atmen zu erlernen. Hierzu werde ich im Weiteren noch eine ganze Menge mehr schreiben.

**Akut-Tipp Nr. 6:**
Versuche, bewusst zu atmen. Wenn du lernst, wie das geht, wird das der absolute Bringer für dich sein. Welche Technik dir am meisten liegen wird, kann ich schwer einschätzen, da jeder anders tickt. Aber es schadet nicht, ein paar unterschiedliche Techniken auszuprobieren, um auszuloten, was du mit deiner Atmung alles anstellen kannst und wie sie sich auf deinen Körper und deine Psyche auswirkt.

Mir hat am Anfang vor allem die Atmung in Dreierschritten geholfen. Zweimal kurz beziehungsweise normal ein- und ausatmen, das dritte Mal normal einatmen und möglichst lange ausatmen – etwa drei- bis fünfmal so lange, wie das Einatmen gedauert hat. Das kann beliebig oft wiederholt werden. Optimalerweise durch die Nase einatmen und durch den Mund wieder ausatmen, gerne auch so, dass du die Ausatmung hörst. Zähl die Dreierschritte mit, damit du deinen Fokus so gut es geht und allumfassend auf deine Atmung richten kannst. Und bitte nach Möglichkeit in den Bauch atmen und nicht in die Brust. Mit ein bisschen Übung wirst du merken, dass vermeintlich banales Atmen, das gerne belächelt und unterschätzt wird, so einiges draufhat.

**Akut-Hinweis Nr. 7:**

Auch der Begriff der „Derealisation" könnte dir dabei helfen, ein besseres Verständnis für deine Situation zu entwickeln und einen ersten Schritt in Richtung Genesung zu machen. Denn vergessen wir nicht: Ein unbewusstes Verhältnis zur eigenen Psyche, zum eigenen Körper und zu unserer Umwelt kann Ängste und ein Gefühl von Beklommenheit auslösen.

Nicht bei jedem, der eine Angststörung und Panikattacken hat, muss auch das Derealisationserleben einsetzen. Bei mir war es so, was ich auf meine damals pausenlose Nervosität zurückführe, aufgrund derer ich falsch atmete, deshalb ständigen Schwindel bekam und folglich eine veränderte Wahrnehmung meiner Umwelt entwickelte.

Und genau das ist Derealisation: eine anomale und verfremdete Wahrnehmung der Umwelt. Die Veränderung der Wahrnehmung kann unterschiedlich ausgeprägt sein. In meinem Fall war es so, dass ich organische Stoffe (Erde, Blumen, Salat, meine Hände) als viel „greller" und „lebendiger" wahrnahm, als sie meiner Meinung nach hätten sein sollen. Sie stachen mir förmlich in die Augen, was mir Angst machte, da ich noch nicht wusste, was mir fehlte. Ich begann, zu glauben, dass mir der Verstand flöten ging, dabei war alles relativ einfach zu erklären und – im Endeffekt – harmlos.

Solltest du also derartige oder ähnliche Veränderungen deiner Umwelt feststellen, beschäftige dich mit Derealisation.

Ich machte mir schon vor meiner Akut-Phase viel zu viele Gedanken über Vergangenes und die Zukunft, darüber, welche Fehler ich im Zusammensein mit anderen begangen hatte, und darüber, was für Probleme mir künftig noch bevorstehen könnten.

**Nach dem Ausbruch meiner Angststörung stieg das Ausmaß meines Grübelns weiter an, und ich hing in einer Spirale aus negativen Gedanken fest, die mir Angst und Panik machten.**

Es erstaunt mich bis heute, dass all meine körperlichen Beschwerden, die ich damals hatte, ihren Ursprung ausschließlich in meiner Psyche hatten. Hätte ich meinen Fokus nur kurz von meinem turbulenten Gedankenkarussell in die Gegenwart gelenkt, wäre mir dieser Umstand womöglich aufgefallen.

Im Nachhinein ist es mir ein Rätsel, wie es sein konnte, dass ich nicht merkte, was mit mir los war. **Bewusst fühlte ich mich lediglich körperlich schlecht, was wohl ein Fluchtmechanismus meiner Psyche war, die sich den ganzen Mist irgendwie erklären musste, es aber aufgrund ihres begrenzten Erfahrungsschatzes nicht adäquat vermochte.**

Um zu verstehen, was mir fehlte, konsultierte ich als erstes Dr. Google, wie es heutzutage viele machen und was absolut nicht empfehlenswert ist, weil stets die schrecklichsten Krankheiten auf dem Bildschirm aufpoppen, egal welche Symptome man eintippt.

Ich habe das Internet nach Übelkeit, wackeligen Beinen und Sehstörungen abgeklappert, da mir zunächst vor allem diese Symptome auffielen. Was sah ich auf meinem Bildschirm? Natürlich: Hirntumore.

Ich ging zu meiner Hausärztin, einer sehr kompetenten und geduldigen Medizinerin, aber auf die Diagnose Angststörung kam auch sie nicht. Stattdessen veranlasste die Gute einen Bluttest und gab mir eine Tablette gegen zu viel Magensäure.

Weitere Symptome, wie schwitzige Hände, Herzrasen, Schwierigkeiten mit der Atmung und eine veränderte Wahrnehmung meiner Umwelt (Derealisation), bemerkte ich erst in den kommenden Wochen.

Ich durchforstete das Internet erneut. Was poppte diesmal auf? Natürlich: ernsthafte Herzprobleme.

Um mir eine Zweitmeinung einzuholen, konsultierte ich eine weitere Ärztin, die Hausärztin und Spezialistin für Herzerkrankungen war. Sie nahm mir Blut ab und hatte vor, meine Schilddrüse auf eine Funktionsstörung hin zu untersuchen. Gar nicht mal so dumm, aber auch das half mir nicht.

Ich quälte mich ein paar weitere Wochen, und es ging mir schlechter und schlechter. Mein Herz raste zunehmend häufig, und mir war nach wie vor dauerschwindelig. Draußen blieb ich nie lange, weil ich Angst davor hatte, umzukippen. Das nervte nicht nur mich, sondern ich wurde auch zur Belastung für meine lebenslustige Freundin, mit der ich zusammenwohnte. Mist.

An einem Morgen, ich war aufgewacht und es ging sofort mit Herzrasen und Atemschwierigkeiten los, rief ich den Notarzt an und log ihm vor, dass ich aufgrund des Herzrasens ohnmächtig geworden sei. Ich log, weil ich vermeiden wollte, abgewiesen zu werden. Ich wollte unbedingt wissen, was nicht mit mir stimmte, und ich dachte, im Krankenhaus würde das ruckzuck gehen.

Dort angekommen, wurde mein Herz geröntgt, ich wartete ein paar Stunden, und schließlich wollten mich die Ärzte dabehalten, weil sie keine Diagnose stellen konnten und sie meine Ohnmacht beunruhigte. Also blieb ich über das Wochenende, an dem kaum ein Arzt da war, weshalb mir erneut Blut abgenommen wurde und sonst nicht viel passierte. Na ja, mir ging es mieser denn je, ich hatte abwechselnd mit Nervosität, Angst und Panik zu kämpfen, fühlte mich verlassen und weinte schließlich – es waren nicht gerade meine glorreichsten Stunden.

Am zweiten Abend meines Krankenhausaufenthalts hielt ich es kaum noch aus, und ich fragte eine der Schwestern, ob sie nicht etwas machen könnte, weil ich die ganze Zeit derart nervös war und mich das anstrengte.

Sie gab mir zwei Ein-Milligramm-Tabletten Tavor, ein Benzodiazepin (Lorazepam), das angstlösend wirkt. Ich nahm sie, schluckte sie und legte mich ins Bett.

Nach einer knappen Dreiviertelstunde war ich wie ausgewechselt. Mir ging es blendend. Ich grinste und konnte kaum damit aufhören. Mir gefiel es, im Krankenhaus zu sein, ich sah ein bisschen fern, aß etwas, spazierte die Gänge entlang, dachte an meine Familie, meine Freunde, daran, wie schön das Leben ist, und verstand die Welt nicht mehr. Körperlich ging es mir blendend, und ich hätte Bäume ausreißen können. Gleichzeitig fühlte ich mich nicht high.

Da dämmerte es mir das erste Mal. Es war gar nicht mein Körper, dem etwas fehlte, es war meine Psyche, die mich im Stich gelassen hatte.

# VI
# Überraschung, es ist die Psyche

Als ich im Krankenhaus lag, vor mich hin grinste und auf meinem Smartphone recherchierte, was mir fehlen könnte, stieß ich auf einen Foreneintrag. Dort erklärte eine Frau einem Hilfesuchenden mit einfachen Worten und auf eine beruhigende Art, dass Panikattacken nichts Schlimmes und sie schon gar nicht schädlich für die Gesundheit seien.

Sie schrieb, dass die Attacken nach und nach weggehen würden, und zwar schneller, als man denke. Weiter schrieb sie, dass eine Panikattacke keine schöne Erfahrung sei, aber dass man viel aus ihr lernen könne. Einer ihrer Sätze blieb mir besonders gut in Erinnerung, nämlich dass man beim Treppensteigen oder Ähnlichem, also den Kreislauf anregenden Betätigungen, ebenfalls Herzklopfen bekomme und dieses auch spüre, sich deshalb aber nicht verrückt mache. **Und deshalb sollte man eine Panikattacke als ein kleines Herzmuskeltraining betrachten, das dem Körper nicht nur nicht schadet, sondern ihn sogar stärker macht.**

Mit ihren wenigen verständnisvollen und beruhigenden Worten, konnte mir die Foren-Frau unbekannterweise sehr gut helfen. Sie ließ mich daran glauben, dass bald auch bei mir alles gut sein würde, und das war ein Meilenstein auf meinem Weg zur Genesung: Vertrauen in eine bessere Zukunft.

Der Foren-Eintrag dieser Frau ist einer der Gründe, weshalb ich dieses Büchlein schreibe, und zwar, weil ich anderen genauso helfen will, wie sie mir mit ihren paar Zeilen hat helfen können.

**Akut-Tipp Nr. 7:**

Ein paar Worte über Benzodiazepine: Wichtig ist, zu verstehen, dass alles, was derart effektiv auf Körper und Psyche wirkt (wie der Wirkstoff Lorazepam), es nicht „umsonst" tut. Nimmt man derartige Tabletten selten, kann nicht viel passieren – höchstens ein bisschen Depristimmung am folgenden Tag. Nimmt man sie häufig, können solche Tabletten fatale Auswirkungen haben: Abhängigkeit, Reizbarkeit, Angst und Panik.

Wichtig ist aber auch, zu verstehen, dass es solche Tabletten nicht ohne Grund gibt und dass sie dabei helfen können, dir eine Pause von all der Angst und Panik zu verschaffen, wertvolle Zeit, in der du vernünftig nachdenken kannst, was überhaupt mit dir los ist.

Am kommenden Morgen, nachdem ich im Krankenhaus realisiert hatte, was mir fehlte, sprach ich mit der Ärztin und bat sie, mich zu entlassen. Wir einigten uns darauf, dass ich vermutlich ein „vereinsamtes" Leben führte. Das klang nicht verkehrt.

Ich war froh, draußen zu sein, und allein die Erkenntnis, dass mein Körper gesund war und „nur" meine Psyche verrücktspielte, reichte irrationalerweise aus, um mir ein kleines bisschen Rückenwind zu verschaffen. Gut war aber noch lange nichts. Mir war nach wie vor schwindelig, mein Herz schlug schneller, als ich es gerne gehabt hätte, und ich war nicht weniger nervös und ängstlich als vor meinem Krankenhausbesuch.

Doch ich hatte endlich einen Ansatz. Ich wusste, dass es mir jederzeit wieder gutgehen konnte. Dafür musste ich zwar eine Tablette nehmen, aber das war okay für mich. Nach drei Monaten der Angst und Panik war mir egal geworden, auf welche Art ich Linderung erfuhr.

Mit einer Mission im Gepäck ging ich ohne Umwege zu meiner Hausärztin, um mir die „Wundertabletten" mit dem Wirkstoff Lorazepam verschreiben zu lassen. Zum Glück wusste ich schon damals, dass Benzodiazepine mit Vorsicht zu genießen sind, also bestand bei mir keine große Gefahr, von diesem Zeug abhängig zu werden.

Ich bekam die Tabletten problemlos von meiner Ärztin verschrieben und schluckte sie in den kommenden Wochen regelmäßig – anfangs häufiger, später seltener, noch später sporadisch und irgendwann gar nicht mehr. Während dieser ersten Zeit nahm ich sie immer dann, wenn mir die Angst zu viel wurde, allerdings setzte ich mir selbst ein Limit von drei Tabletten (drei Milligramm) pro Woche. Wie ich sie aufteilte, sprich, ob eine ganze oder eine halbe, blieb mir selbst überlassen. Geviertelt habe ich sie damals noch nicht.

Für meine schnelle Genesung war es wichtig, dass ich nicht jedes Mal eine „Benzo" einwarf, wenn ich mich unwohl fühlte, denn das wäre kontraproduktiv und schlicht zu viel gewesen, auch wenn ich von der Ärztin die Erlaubnis bekommen hatte, jeden Tag eine zu nehmen.

Es sind nämlich nicht die Tabletten, die eine Besserung der Angststörung bewirken, sondern sie lindern lediglich ihre Symptome. **Eine nachhaltige Besserung kann nur in Form von Konfrontation mit der Angst erreicht werden**, und Tabletten verschaffen dir eine Pause von dieser Arbeit, die durchaus hart sein kann und Pausen verdient.

Menschen sprechen unterschiedlich auf Lorazepam an. Manchen hilft es gut, anderen weniger. Ich kann für mich sagen, dass es mir enorm dabei geholfen hat, wieder klar denken und weitere Pläne schmieden zu können, mit dem Ziel, schnellstmöglich wieder fit zu werden.

Dass ich scheinbar eine psychische Störung hatte und meinem Körper laut bisherigen Untersuchungen nichts fehlte, war eine große Überraschung für mich.

Wieso gerade ich? Konnte das einem studierten Philosophen, der sich selbst mehr als ausreichend reflektierte und sich mit anspruchsvollen Themen wie Tod, Moral und Ästhetik beschäftigte, überhaupt passieren? Ich, der sich nicht als dumm bezeichnet hätte, sollte eine psychische Störung entwickelt haben? Das war nicht möglich! Alle, nur ich nicht. Ich war doch bis vor Kurzem komplett normal gewesen. Und das, was ich hatte, der Schwindel, das mulmige Gefühl im Magen, die wackeligen Beine und die Atemprobleme, das sollte alles von der Psyche kommen? Ich begriff es nur langsam, weil ich nie zuvor gehört hatte, wie stark sich das Denken auf das Körperempfinden auswirken kann.

Nun ja, der Cocktail aus unbewusster Präpotenz und geballtem Unwissen hatte es möglich gemacht, dass ich mich derart mies fühlte, und das musste ich akzeptieren. Und da ich mich mit Psychologie und psychischen Störungen kaum auskannte, sondern höchstens dachte, dass ich es tat, weil ich *Einer flog über das Kuckucksnest* oder *12 Monkeys* gesehen hatte, waren meine ersten Versuche, mir meine Situation zu erklären, aus heutiger Sicht äußerst amüsant.

Meine Bestandsaufnahme klang folgendermaßen:

a) Ich war nicht dumm.

b) Ich dachte viel über komplexe Themen nach.

c) Ich hatte etwas mit der Psyche – salopp ausgedrückt.

Als Resultat befürchtete ich, dass ich verrückt geworden war, ballaballa, ein Fall fürs Irrenhaus. Schon wieder falsch.

Damals kannte ich nicht einmal den Unterschied zwischen einer Psychose und einer Neurose. Um es kurz zu machen: Einer Neurose bist du dir bewusst, einer Psychose nicht. Und wenn du nicht mal weißt, dass mit dir etwas nicht in Ordnung ist, dann ist die Kacke wirklich am Dampfen, aber solange du es weißt, ist alles machbar. Eine Angststörung hat also nichts mit Verrücktsein zu tun, und man kann sie gut wieder in den Griff bekommen, sogar im Alleingang.

**Akut-Hinweis Nr. 8:**
Wer an einer Angststörung leidet respektive neurotisch ist, der hat die geringsten Chancen, eine Psychose zu erleiden, sprich: tatsächlich verrückt zu werden.

Es ist ein Mangel unserer westlichen Gesellschaft, dass wir, wenn uns etwas fehlt, fast nie an unsere Psyche denken, sondern primär auf unsere Körper fixiert sind. Das hat unterschiedliche Gründe. Einer davon ist, dass unsere Schulmedizin seit jeher den Fokus auf das Greifbare gelegt hat. Bestes Indiz hierfür: Fachgebiete wie die Psychoanalyse oder Psychotherapie sind erst vor nicht allzu langer Zeit, Ende des neunzehnten Jahrhunderts, entstanden.

Es gibt Regionen auf dieser Welt, in denen das anders ist. Blickt man auf den asiatischen, südamerikanischen oder afrikanischen Kulturraum, wird schnell klar, dass die Menschen dort viel eher an eine mögliche psychische, spirituelle oder mythische Krankheitsursache denken als wir in Mitteleuropa, was zugegebenermaßen Vor- und Nachteile hat.

Hinzu kommt, dass psychische Erkrankungen grundsätzlich und weltweit mehr als körperliche Leiden geächtet werden. Ein gebrochenes Bein oder eine Grippe, das sind Dinge, die versteht jeder. Folglich fällt es niemandem schwer, auf körperlich Verletzte und Kranke Rücksicht zu nehmen.

Anders ist es mit mentalen Erkrankungen. Zwangsneurosen, Essstörungen, Panikattacken et cetera, das sind Leiden, die nicht leicht nachzuvollziehen sind. Wer sie nicht selbst erlitten hat, weiß nicht, weshalb beispielsweise das esskranke Mädchen nicht „einfach" einen Burger verdrückt, weshalb der Angstpatient nicht „einfach“ die Wohnung verlässt oder weshalb der an Tourette erkrankte nicht „einfach“ mit dem Fluchen aufhört. Und wenn man sich das Verhalten anderer nicht erklären kann, dann kann man ihnen auch schwer helfen – logisch.

Ich beende diesen Exkurs, indem ich festhalte, es ist nicht deine Schuld, falls du nicht sofort verstanden hast, dass du eine psychische Störung am Start hast. Woher soll man denn so etwas wissen, wenn es derart tabuisiert wird, wie es bei uns im Westen der Fall ist? Ich meine, manche Menschen finden nach wie vor, dass es ein Zeichen von Schwäche sei, wenn man zum Therapeuten geht. Natürlich ist es das nicht. Die Psyche kann genauso erkranken, wie der Körper es tut, und dann muss sie eben behandelt werden – big deal?

Aber ich bin mir sicher, dass sich diese Situation in den kommenden Jahrzehnten und Jahrhunderten zum Positiven verändern wird. Ein wachsendes Bewusstsein für diese Thematiken ist bereits jetzt wahrzunehmen. Wurde auch Zeit – 2019.

Eine der größten Hürden auf dem Weg zu deiner Genesung, nämlich darauf zu kommen, dass dir ein psychisches und kein körperliches Leiden die Tage vermiest, hast du also schon gemeistert. Gratuliere!

**Akut-Hinweis Nr. 9:**
Ich bin mir sicher, dass du so genau wie möglich wissen möchtest, was eine Angststörung im Körper auslöst und welche unterschiedlichen Arten es gibt. Lies dich in die Materie ein, denn je besser du weißt, was du hast, was in dir vor sich geht und wie sich dies auf

deinen Körper auswirkt, desto einfacher wird es für dich werden, mit deiner Angst und Panik umzugehen sowie sie früher oder später hinter dir zu lassen. Passende Literaturtipps findest du in Kapitel XIV.

Nachdem ich mich über die Basics meines Leidens informiert hatte, war ich beruhigter, weil ich nun wusste, dass ich nicht von jetzt auf gleich an einem Hirnschlag oder einem Herzkasper verenden würde. Das gab mir die Möglichkeit, zu agieren.

Es ging also weiter, zwar nach wie vor mit Schwindel und Nervosität im Gepäck, dafür aber auch mit einer Wunderwaffe, nämlich meinen Happy Pills. Anscheinend hatte ich das nächste Level erreicht.

# VII
# Mentale Safari: Auf der Suche nach einer Lösung

Da ich niemanden um mich hatte, der mir hätte helfen können, weil keiner wusste, was mit mir los war, konnte ich erst nach rund drei Monaten anfangen, etwas für meine Genesung zu tun.

Die Angst und die Panik hatten also genügend Zeit gehabt, ihre Wege zu regelrechten Highways auszubauen. Mir blieb nichts anderes übrig, als mich selbst aus meiner Misere zu befreien, weshalb ich mehr oder weniger wahllos Dinge zu tun begann, von denen ich dachte, dass sie mir helfen würden. Ich griff in alle Richtungen und hoffte, etwas zu finden, das mir ein bisschen Halt geben konnte, damit ich emotional nicht mehr so sehr schwamm. Noch wusste ich nicht im Geringsten, was ich machen musste, denn ich fing erst damit an, mich in die Selbsthilfematerie einzulesen.

Und eben dieses Lesen – zuerst in Form von kurzen Artikeln im Internet und bald darauf in Form von Fachliteratur –, war das Erste, was mir nachhaltig half und was ich jedem Betroffenen ans Herz legen möchte.

Lektüre ist aber nicht gleich Lektüre. Abgesehen von qualitativen Unterschieden, gibt es verschiedene Arten von Literatur, die dir im Zuge deiner Glücksfindung helfen können.

Zum Beispiel gibt es Bücher, die das Verständnis dafür schärfen, was während einer Panikattacke überhaupt vor sich geht, sprich Bücher über das Wesen von Angststörungen und Ratgeber, die mögliche Lösungswege aus dieser unliebsamen Situation aufzeigen – so wie dieses hier.

Neben solch offensichtlich nützlicher Literatur halten diverse weitere Genres nützliche Tipps zur Angstbewältigung bereit. Die Psychologie, beispielsweise, hat zahlreiche Themenbereiche zu bieten, die dabei helfen können, Glück im Leben zu kultivieren. Je nachdem, was du aktuell am meisten brauchst, kannst du dich etwa in das Wesen des Selbstbewusstseins, in die Persönlichkeitsentwicklung oder Eltern-Kind-Beziehung einlesen.

**Unterschätze nicht die Macht des geschriebenen Wortes! Weisheit vermag sich in dein Gehirn einzubrennen wie ein Brandzeichen auf dem Hinterteil einer Kuh. Profunde und dem „guten Leben" zuträgliche Erkenntnisse wirst du nie wieder loswerden.**

Auch die Philosophie hat sehr vieles zu bieten, was dir dabei helfen kann, dein Verhältnis zur Angst zu normalisieren. Aristoteles und Epikur, Augustinus von Hippo und Schopenhauer, Konfuzius und Lao Tse, das sind nur ein paar Denker, die sich intensiv mit dem Glücksthema auseinandergesetzt haben – konkrete Literaturtipps findest du in Kapitel XIV.

Auch fiktive Literatur eignet sich hervorragend, um Verständnis für das Wichtige im Leben zu entwickeln. Das ist möglich, indem spannende Geschichten die

Schlüsselfragen unserer Existenz behandeln wie: Was ist der Sinn des Lebens? Woher kommen wir? Wohin gehen wir?

Blablabla, alles tausendmal gehörte Fragen, wird sich manch einer denken. Vielleicht sind dieses Fragen tatsächlich ein bisschen zu uncool für die zynische Denke unserer Zeit. Hinzu kommt, dass solche Fragen nicht einmal eindeutig beantwortet werden können – eine einzige Frechheit ist das!

Mag sein, aber halt die Schnauze und lies das verdammte Zeug! Es wird dir helfen.

Alternativ kannst du Videos über diese Themen schauen, was schneller geht und bequemer ist. Dennoch empfehle ich, beides zu tun, denn durch das Lesen kannst du die für dich wichtigen Informationen deutlich besser verinnerlichen. Und wenn du einen draufsetzen willst, dann schreib auch noch mit – aber wir wollen ja nicht übertreiben.

**Akut-Tipp Nr. 8:**
Wir können am besten lernen, wenn wir Informationen auf alle möglichen Arten und Weisen aufnehmen. Wir können sie in Form von Büchern lesen, in Form von Hörbüchern hören, in Form von Videos sehen und hören. Indem wir sie aufschreiben, merkt sich unser Gehirn das frisch Gelernte am einfachsten.

In deiner Akut-Phase wirst du auf schnelle Informationen aus sein, also bedien dich ruhig am reichhaltigen Büfett des Internets. Wikipedia, Blogeinträge, YouTube, hier findest du tolle und weniger tolle Tipps zu Angststörungen und Panikattacken. Mit der Zeit kannst du dich steigern und in die Tiefe gehen, nach hilfreichen Büchern recherchieren, Dokumentationen und positive Filme schauen.

Der zweite Aspekt, der mir am Anfang meiner Genesungsphase immens half, war Humor. Ein ausgiebiges Fachwissen über dein Problem ist zwar schön und gut, aber nur ein Furz (sorry) im Vergleich zur verändernden Kraft des positiven Denkens. Und was vermag den Menschen positiver zu stimmen als Humor!

**Akut-Tipp Nr. 9:**
Humor ist ein Bereich, in dem es schwer ist, konkrete Tipps zu geben, da er ganz persönlich ist und ich nicht wissen kann, was du lustig findest. Aber erinner dich, was dich früher amüsiert hat, und halte Ausschau nach neuen Medien, die dich belustigen könnten. Serien, TV-Shows, Filme, Radiosendungen, Podcasts – alles ist erlaubt! Nur eines verlange ich von dir: **Du musst lachen – mindestens einmal am Tag!**

Ich kann mich noch genau erinnern, als ich Humor wieder für mich entdeckt habe. Es waren zwei Neuentdeckungen, die mich grinsen, lächeln und manchmal sogar lauthals lachen ließen. Zum einen amerikanische Late-Night-Shows, wie die mit Conan O'Brien oder Jimmy Kimmel, *Saturday Night Live* und Ähnliche, zum anderen die Radiosendung *Sanft und Sorgfältig*, deren Quatschköpfe Jan und Olli mir in dieser Phase mehr als sonst wer oder sonst was halfen. Man könnte – zu Recht – sagen, dass die beiden nur Blödsinn laberten, für mich aber war es Medizin.

Wie du dir denken kannst, gibt es nicht *die eine* Lösung, die dir aus deiner Angststörung helfen wird. Es wird ein Zusammenspiel vieler Faktoren sein. Hier gleichen sich die Wege in diese Erkrankung und aus ihr heraus. Ich kann es nicht oft genug wiederholen: Es ist die Arbeit an dir selbst, die dir deinen Arsch retten wird, und diese Arbeit hat viele Gesichter, aber dazu mehr im nächsten Kapitel.

An dieser Stelle möchte ich noch erwähnen, dass ich damals nicht von heute auf morgen viel gelesen oder humorvolle Radiosendungen gehört habe. Das war ein Prozess, der sich über die kommenden Tage und Wochen vollzogen hat. Damit will ich dir verständlich machen, dass du nicht zu hart mit dir ins Gericht gehen solltest, wenn du nicht sofort losgackerst, wenn du dir eine lustige Serie anschaust, oder wenn du nicht gleich ein ganzes Buch verschlingst und es danach seelenruhig bei einem Tee reflektierst. Gib dir Zeit.

Während ich um mich griff, um Halt zu finden, bekam ich häufig auch nichts zu fassen. Beispielsweise machte ich bei mir zu Hause alleine Yoga, was mir nicht half, weil ich viel zu nervös war und aufgrund fehlender Resultate zu schnell das Handtuch warf. In dieser Anfangszeit versuchte ich mich auch an diversen Atemübungen, die mir alle nichts brachten, weil ich noch zu unkonzentriert dafür war. Wie mir der Fokus auf meinen Atem helfen konnte, lernte ich erst viel später, nach ein oder zwei Jahren, als ich es erneut damit probierte.

Es war also ein Hin und Her, manche Tage waren besser, manche schlechter, manchmal habe ich gelächelt, meistens aber nicht. Alles in allem war aber ein Anfang gemacht, und darauf kam es an. Bewusst nahm ich keine großartige Besserung wahr, doch im Nachhinein betrachtet, begann an dieser Stelle meine tatsächliche, nachhaltige Genesung.

Es sollte noch dauern, aber ich tat etwas, und auch wenn es nach wie vor schwer war, daran zu glauben, dass es irgendwann wieder gut sein würde. Ich griff weiterhin um mich, nach allem, was mir helfen konnte.

# VIII
# Das Blatt wendet sich

Nachdem ich mich gründlich in das Thema „Angst und Panik" eingelesen hatte, sprich ein paar Wochen nach meinem Krankenhausaufenthalt, passierte etwas Interessantes mit mir: Ich begann, mich zu verändern.

Von der Persönlichkeitsentwicklung, einer Disziplin, die sich mit der (gezielten) Veränderung einer Persönlichkeit respektive von Charaktereigenschaften beschäftigt, wusste ich damals noch nichts. Heutzutage ist die Persönlichkeitsentwicklung zu einem sehr modernen Gegenstand geworden, der gerne in Form von Ratgebern, YouTube-Videos oder Coachings behandelt wird. Eine eigenständige, wissenschaftliche Theorie kann es aber noch nicht vorweisen, soweit ich weiß.

Der bewusste Versuch, die eigene Persönlichkeit zu verändern, kann dabei helfen, negative Handlungs- und Denkweisen loszuwerden und diese, dank eines tieferen Verständnisses für neurologische Prozesse, ins Positive und Produktive umzupolen.

Ich begann also mit der Veränderung meines schädlichen Verhaltens, und das, obwohl ich damals noch dachte, dass der Charakter eines Menschen etwas Unveränderliches sei. In meinen Freundeskreisen hatte ich bis dato niemanden gehabt, der sich mit solchen Themen beschäftigte, weshalb ich nur langsam darauf kam, dass all die Sprüche, die alle von ihren

Großeltern und Eltern gelernt haben mussten und gedankenlos nachplapperten à la „Schuster bleib bei deinen Leisten“ oder „Was Hänschen nicht lernt, lernt Hans nimmermehr“, kompletter Schwachsinn waren.

**Akut-Hinweis Nr. 10:**
Die Persönlichkeit eines Menschen ist nicht statisch, besser gesagt, jeder hat das Potenzial, seine eigene Persönlichkeit zu verändern. Persönlichkeitsmerkmale können als Stärken oder Schwächen gedeutet werden, wie die Fähigkeit zur Resilienz oder ein geringes Selbstbewusstsein. Ferner unterstützen oder erschweren diese Merkmale das Wohlbefinden.

Noch vor nicht allzu langer Zeit dachte man, dass die menschliche Persönlichkeit nach rund dreißig Lebensjahren „fertig" sei und danach nicht mehr großartig wechseln würde. Heute ist man schlauer, und es ist kein Geheimnis, dass sich der Charakter eines Menschen bis zu seinem Tod verändert. Deshalb ist es nicht verkehrt, diese Entwicklung in eine positive Richtung zu steuern, indem man an sich arbeitet.

Ich trank weniger, schraubte meinen Alkoholkonsum also von ein paar Bieren jeden Abend auf die vom Gesundheitsamt empfohlene Menge runter. So beruhigte ich meine Schuldgefühle meiner Leber gegenüber effektiv.

Als Nächstes, das war zu dieser Zeit die wohl größte körperlich-gesundheitliche Veränderung, hörte ich mit dem Rauchen auf. Falls du rauchen solltest, brauchst du jetzt keine Angst zu haben. Du musst natürlich nicht mit dem Rauchen aufhören, um dich von deiner Angststörung zu befreien. Hier erzähle ich dir ganz unverbindlich und unter uns, was bei mir damals so los war. Ich tat es, weil ich mich schon länger nicht mehr wohl mit dem Rauchen gefühlt, grundsätzlich Angst vor dem Tod hatte und mir das Rauchen diesen unlustigen Gesellen näher brachte, als mir lieb war.

Meine Ernährung blieb gleich bescheuert, weil ich damals dachte – und vermutlich auch recht damit hatte –, dass der Rauchstopp fürs Erste genügen musste. **Man sollte das Leben nicht auf einmal und in allen Lebensbereichen umkrempeln wollen, denn das führt ziemlich sicher zu Überforderung und folglich zu Demotivation.** Drei Jahre später begriff ich aber schließlich doch noch, dass es für das Kultivieren des Glücks einen großen Unterschied macht, was man in seinen Körper hineinstopft, oder anders ausgedrückt: dass Essen einen leicht oder schwer fühlen lassen kann.

Ich fing an, ein klein wenig Sport zu treiben, was für mich schon viel war. Ein bisschen joggen hier, ein bisschen schwimmen da, ein bisschen Rad fahren dort.

Zunächst fanden viele der positiven Veränderungen in meinem Leben in einem bescheidenen bis lächerlichen Ausmaß statt: gelegentlich einen Salat, abends zwei kleine anstatt drei große Biere, zehn Minuten durch den Park laufen und Ähnliches. Das fühlte sich häufig nicht besonders toll an, weil ich, verglichen mit den Leistungen der anderen, nichts Nennenswertes tat. Rookie-Fehler: **Niemals mit anderen vergleichen**, aber das ist ja mittlerweile schon zu einer Binsenweisheit geworden. Und trotzdem, jeder macht es ab und an, denn das liegt uns Menschen nun mal.

Aber all die kleinen Dinge, die für sich allein nicht unbedingt als glorreich zu bezeichnen wären, machten zusammengenommen einen großen Unterschied aus, zwischen dem Markus von vor ein paar Monaten und dem damals gegenwärtigen Markus. Ich bewegte mich wieder nach vorne. Ich verschaffte mir einen kleinen Anstoß, um über die kommenden Monate und Jahre Momentum zu gewinnen.

Ohne es zu wissen, baute ich zu diesem Zeitpunkt bereits die Wege des Glücks aus und die Straßen der Angst ab.

**Akut-Hinweis Nr. 11:**

Das Ablegen von negativen Angewohnheiten und Charaktereigenschaften braucht Zeit. Grundsätzlich geht man in der Verhaltenspsychologie davon aus, dass es rund dreißig bis neunzig Tage dauert, bis man sich eine unliebsame Verhaltensweise abgewöhnt hat, etwa spätes Aufstehen, ungesundes Essen, Bewegungsmangel, zu viel im Internet surfen. Sind abhängig machende Substanzen mit im Spiel (wie Nikotin), kann es länger dauern.

Möchte man sein Verhalten ändern, fällt das zunächst sehr schwer, aber nach ein paar Tagen geht es schon einfacher, und nach ein paar Wochen wird die neue Verhaltensweise zu einem Automatismus. Ergo: Veränderungen im Verhalten können zunächst sehr fordernd sein, können dafür relativ schnell umgesetzt werden.

Zwischenfazit: Ein gesunder Lebensstil wird dich nicht daran hindern, deine Angststörung loszuwerden.

Ich bin verleitet, zu schreiben, dass die bisher in diesem Kapitel erwähnten Veränderungen allesamt Peanuts waren, im Vergleich zu den drei einflussreichsten Veränderungen, zu denen ich gleich kommen werde. Im selben Moment verstehe ich aber, dass das nicht stimmt, denn so kleinteilig, wie sich eine Angststörung zusammenpuzzelt, so wird sie auch entpuzzelt, Stück für Stück. Ob da manche Teile wichtiger als andere sind, das vermag ich nicht zu beurteilen.

Dennoch bezeichne ich die folgenden Veränderungen in meinem damaligen Leben als die ‚Großen Drei'. Leute! Es muss ja nicht immer alles einen Sinn ergeben.

## Numero uno:
## Ehrlich mit sich selbst und anderen sein

Viele Menschen spielen eine Rolle, meistens vor anderen, manchmal aber sogar vor sich selbst. Man könnte auch sagen, dass sie eine Maske tragen. Das tun sie, weil sie Minderwertigkeitskomplexe haben und sich selbst nicht in dem Maße bewusst sind, wie sie es gerne wären. Jeder von uns kennt das, und jeder von uns hat es schon getan, nämlich anderen vorzuspielen,

a) dass man jemand ist, der man gerne wäre,
b) dass man etwas kann, was man gerne könnte, oder
c) dass man etwas hat, was man gerne hätte.

Dieses Verhalten ergibt sich aus Unsicherheiten, die wir zu kaschieren versuchen, weil ... Ja, wieso überhaupt?

Tatsächlich bringt es nämlich niemandem etwas, sich besser darzustellen, als man ist. Zu den eigenen Schwächen zu stehen, ist ein sehr wertvolles Hilfsmittel, um eine gute Psychohygiene zu erreichen. Auch zu den eigenen Stärken zu stehen, ist wichtig, was viele ebenfalls nicht tun. Das mag verwundern, aber es ist tatsächlich so, dass sich die meisten Menschen hin und wieder kleinmachen, um anderen kein schlechtes Gefühl zu geben, um nicht besser als die anderen zu sein, um sie nicht zu verletzen.

Das ist ein Denkfehler, denn so nehmen wir uns und den Menschen in unserem Umfeld die Möglichkeit, zu verstehen, dass es häufig nur an der Betrachtungsweise liegt, ob man sich gut oder schlecht fühlt. Man bleibt – wie die Amerikaner so schön sagen – ein „sadsack“, am besten mit Trauerkloß zu übersetzen. Dabei haben wir die Kraft, andere sich besser fühlen zu lassen, jedoch nur dann, wenn wir zu unserem Können und Glück stehen. Letzteres können wir auch ausstrahlen, und in weiterer Folge kann es auf andere abfärben.

**Akut-Tipp Nr. 10:**
Steh zu deinen Fehlern, und steh zu dem, was du gut kannst. Sei ehrlich mit dir und den Menschen in deinem Umfeld. Verstell dich nicht, denn es gibt keinen Grund dafür. Die meisten erkennen ohnehin sofort, dass man sich verstellt, und das ist – sagen wir's, wie es ist – peinlich und bescheuert.

Wie wichtig es für deine Entwicklung ist, Fehler zu begehen, erklären dir die vielen im Netz herumgeisternden Coaches für Persönlichkeitsentwicklung. Ein Tipp von mir ist Alexander Wahler, von dem ich viel zu diesem Thema lernen konnte. Seine Videos findest du auf YouTube.

Und jetzt noch ein Hinweis, der mir sehr weitergeholfen hat: Beobachte mal die Menschen um dich herum, zum Beispiel wenn du in einem Café bist. Bei mir war es früher so, dass ich mir viel zu viele Gedanken darüber gemacht habe, was die anderen von mir denken. Tatsächlich ist aber jeder so sehr mit sich selbst beschäftigt, dass du sorglos tun kannst, was du möchtest, denn spätestens am nächsten Tag werden dich alle anderen Anwesenden vergessen haben, so wie du auch sie vergessen haben wirst – Ausnahmen bestätigen die Regel. Die meisten sind Zentrum ihres Universums, und die Menschen um sie herum sind nur Statisten für sie. Also mach dir nicht so viele Gedanken, was die anderen von dir denken, weil meistens tun sie es ohnehin nicht in dem von dir vermuteten Maße.

## **Numero due:**
## Den Kontakt mit anderen Menschen suchen

Die Auseinandersetzung mit anderen Menschen birgt das Potenzial, Angst im Nullkommanichts aufzulösen. Vor allem das Kennenlernen neuer Bekanntschaften aka das Tratschen mit wildfremden Menschen kann Wunder bewirken. Hör den Geschichten deiner Mitmenschen zu. Lass dich von ihnen berieseln. Sie haben Spannendes zu erzählen, und falls du auf ein albernes Exemplar triffst, das mit dir auf der gleichen Humor-

Wellenlänge schwingt, können dich ein paar passende Worte dieser Person zum Lächeln bringen und zusehends kurieren.

Die Nähe zu anderen Menschen ist der Schlüssel für ein ausgefülltes und glückliches Leben, also schmeiß dich in ihre Mitte. Vielleicht befürchtest du, dass man sich mit den meisten nicht besonders gut verstehen kann, weil alle so unterschiedlich sind. Das stimmt aber nicht. Wenn du ihnen offen und vorurteilsfrei begegnest, wirst du merken, dass wir alle, unabhängig von Herkunft, Alter, Geschlecht und so weiter, mehr Gemeinsamkeiten als Unterschiede vorzuweisen haben. Wir alle wollen gehört, verstanden und akzeptiert werden, so wie wir sind. Und je offener du anderen gegenübertrittst, desto freundlicher sind sie in der Regel auch zu dir.

Um noch einmal Herrn Viktor Frankl frei zu zitieren: Indem man sich in einem anderen Menschen verliert und sich selbst dabei vergisst, kann wahrer Sinn gefunden werden, und folglich kann sich Glück einstellen.

Irgendwann im Herbst 2015 hatte ich mir vorgenommen, jeden Tag mindestens einmal kurz mit irgendeiner mir bis dato fremden Person zu sprechen. Das konnte ein kurzer Wortwechsel an der Supermarktkasse, der Ampel oder in einem Café sein. Zu Beginn war nicht einmal das einfach für mich gewesen, und ich musste mich dazu zwingen, aber aufgrund der Literatur, die ich gelesen hatte, wusste ich, dass mir dieses Vorgehen enorm weiterhelfen würde – und das tat es auch.

**Akut-Tipp Nr. 11:**
Geh nach draußen und rede so häufig, wie es dir möglich ist, mit anderen Menschen – dir bekannten und unbekannten. Hör ihnen zu, lass dir Geschichten erzählen, und sei offen für Neues!

## Numero tre:
## Such dir eine Tätigkeit, in der du dich verlieren kannst

2015 entdeckte ich das Schreiben für mich. Es machte mir auf Anhieb viel Spaß, auch wenn ich anfangs noch sehr schlecht darin war. Ich wurde erst gut darin, während ich mein erstes Buch schrieb. Was aber viel wichtiger war als die Qualität meines Schreibens, war der Umstand, dass ich etwas gefunden hatte, in dem ich mich verlieren konnte. Am Anfang war es harte Arbeit, und ich tat es nicht jeden Tag, aber mittlerweile ist es eine reine Freude für mich geworden, und es fällt mir schwer, einen Tag ohne zu verbringen.

Das Schreiben kann ich ohnehin jedem empfehlen, da es therapeutisch wirken kann, wenn man über die eigenen Gedanken schreibt.

**Akut-Tipp Nr. 12:**
Such dir eine Tätigkeit, in der du dich verlieren kannst. Das kann alles Mögliche sein: schnitzen, schreiben, malen – alles ist denkbar, aber besonders kreative Tätigkeiten können das Innenleben auf eine lebensbejahende Art und Weise anregen. Das Ziel ist, wie bei den meisten anderen Akut-Maßnahmen auch, dass du dein Gedankenkarussell zum Anhalten bringst.

Eingangs hatte ich erwähnt, dass es wichtig ist, sich seiner Angst zu stellen. Indem du Veränderungen im eigenen Leben ansteuerst, machst du genau das. Die Schritte in Richtung eines „besseren“ Ichs zu gehen, erfordert Mut, denn es bedeutet unweigerlich, sein altes Ich abzutöten – radikal ausgedrückt. Das Potenzial zum Mut, der auch nur eine weitere Charaktereigenschaft ist, die kultiviert und trainiert werden kann, trägt jeder in sich. Darauf werde ich in der Schlussbetrachtung näher eingehen.

Aufgrund der in diesem Kapitel skizzierten Entwicklungen in meinem damaligen Leben, weg von einem unbewussten und destruktiven Lebensstil hin zu einem bewussten und konstruktiven, konnte ich bereits nach wenigen Wochen eine erste Besserung meiner Situation feststellen.

Es waren Kleinigkeiten, die mir auffielen: Manchmal scherzte ich mit einem neu gefundenen Freund, wie ich es seit Längerem nicht mehr getan hatte. Manchmal hatte ich Tagesphasen, in denen ich nicht mehr nervös war. Langsam ging es bergauf, und da ich derart lange mit mir selbst gekämpft hatte, fühlten sich schon die kleinen Glückmomente wie große Siege an.

# IX
# Tag für Tag, Schritt für Schritt

Operation „Angst adieu" hat für dich begonnen. Es mag sein, dass dich die vielen Tipps übermannen, und obwohl ich manchmal das große Bild zeichne, sprich schon von dem Ende des Angstbewältigungsprozesses schreibe, ist mir bewusst, dass es für dich momentan eher wichtig sein wird, im Hier und Jetzt zu agieren. In erster Linie möchtest du nichts anderes, als dich von einem Moment in den nächsten zu hangeln und möglichst ruhig zu bleiben.

Wenn das der Fall ist, dann bist du genial, denn genau das brauchst du – eine gelassene Herangehensweise an (je)den Augenblick. Stell es dir so vor: Du steckst in einem Sumpf fest und möchtest dich in kleinen Schritten freistrampeln. Das geht nicht ohne Weiteres, ohne Hilfe, ohne ein gewisses Know-how. Je mehr du herumzappelst, desto tiefer wirst du in den Sumpf hineingezogen. Also versuch, ruhig zu bleiben, und, ich kann es nicht oft genug wiederholen, versuch, achtsam zu sein. Das bringt dich zwar noch nicht aus dem Sumpf heraus, aber wenigstens sinkst du nicht weiter ein, und du bekommst die Gelegenheit, dir einen der vielen über dir hängenden Äste zu greifen, an denen du dich dann Stück für Stück hochziehen kannst.

In den folgenden Absätzen werde ich ein wenig über die Vorteile der Meditation schreiben. Auch hierzu gibt es Tonnen von wissenschaftlicher Literatur, Online-Gurus, medizinischen Studien und grundverschiedene Herangehensweisen. Leider ist vieles davon qualitativ mangelhaft recherchiert oder schlecht aufbereitet und deshalb nicht zu gebrauchen, also Augen auf bei der Quellenwahl! Es wäre schade, wenn dir unqualifizierte Möchtegern-Esoteriker den Spaß an einer fantastischen Methode zur Psychohygiene rauben würden. Deshalb bevorzuge ich den neurologischen Blickwinkel auf dieses Phänomen, da mittlerweile auch mithilfe von schulmedizinischen Hirnscans bewiesen werden konnte, dass eine adäquat durchgeführte Meditation einen sehr positiven Effekt auf die Psyche und den Körper hat. Es steht dir frei, dich näher in dieses Thema einzulesen.

Ich kann an dieser Stelle lediglich festhalten, was Meditieren für mich tut und weshalb ich es dir ans Herz lege. Prinzipiell hilft Meditation, die Psyche zu beruhigen, wenn diese erregt ist. Auf Dauer hilft sie ihr auch, sich nicht zu schnell aus der Reserve locken zu lassen, sprich: cooler zu bleiben. Manche Menschen glauben, Meditation bedeutet, Yoga zu betreiben oder in einer Sekte zu sein. So ist das natürlich nicht. Es ist eher etwas, das wir alle ab und zu unabsichtlich tun, zum Beispiel, wenn wir beim Sonnenuntergang am Strand sitzen, aufs Meer schauen und gedankenlos unsere Umwelt betrachten.

**Akut-Tipp Nr. 13:**
Versuch zu meditieren, denn es wird dir helfen, die Zeit zu verlangsamen und dich, deinen Körper, deine Gedanken (Psyche) und deine Umwelt besser zu ver-

stehen. Grundsätzlich genügen schon fünf bis zehn Minuten am Tag.

Sollte dir das zu anstrengend sein, weil du deine Gedanken nicht zum Schweigen bringen kannst, dann kannst du einfach mal eine halbe Stunde bis Stunde irgendwo sitzen und abwarten, was passiert. Kein Handy, kein Fernseher, kein Sport, kein Lesen, keine anderen Menschen, nichts außer dir und deinen Gedanken. Einfach nur dasitzen und sich mit sich selbst beschäftigen, beleuchtet mitunter die dunkelsten und schmerzvollsten Ecken eines menschlichen Innenlebens – das ist heilsam. Viele machen so etwas heutzutage gar nicht mehr, was zu großen Problemen führen kann. Sich permanent nur mit Unterhaltung zuzuballern, überlastet das Gehirn. Gib deinem eine Chance, sich etwas abzukühlen.

Den Gedankenstrom einzudämmen, tut vor allem solchen Menschen gut, die sich zu viele Sorgen über alles Mögliche machen. Betroffene von Angststörungen gehören eindeutig zu dieser Gruppe, also such dir eine Technik beziehungsweise eine Anleitung, mit der du dich wohlfühlst, und versuch's einfach. Auf eine Anleitung, wie du meditieren kannst oder wie ich es mache, verzichte ich an dieser Stelle, dafür werde ich in Kapitel XIV weiterführende Quellen anführen, die dir dabei helfen können.

Und das Wichtigste ist: Relaxe! Wenn du fünf bis zehn Minuten deines Tages nichts machst, wird dir dein Leben schon nicht weglaufen.

Lass dich nicht von all meinen Tipps überfordern. Gestalte dir deine Tage möglichst einfach und spaßig.

Geh deine Genesung Schritt für Schritt an. Rechne damit, dass du dich schon bald deutlich besser fühlen wirst, wenn du täglich ein wenig an dir arbeiten wirst, aber mach dir auch bewusst, dass es ein, zwei oder drei Jahre dauern kann, bis du wieder vollständig genesen sein wirst.

Und nagel mich bitte nicht auf mein Geschwafel fest. Auf dem Weg, hinaus aus der Angst, entwickelt jeder seinen ganz eigenen Stil. **Du weißt am besten, was dich glücklich macht, auch wenn du es in letzter Zeit vielleicht vergessen hast.**

Eines solltest du dir unbedingt hinter die Ohren schreiben, unabhängig davon, in welcher Situation du konkret steckst, ob du Kinder oder ähnlich fordernde Verpflichtungen hast, jung oder alt, verheiratet oder vereinsamter Student bist: Schaffe dir täglich ein bisschen Zeit, um an dir zu arbeiten.

Und: Ich wünsche dir, dass auch du an den Punkt kommen wirst, an dem ich mich im Herbst/Winter 2015 wiederfand, als mich meine Panik nicht nur anstrengte, sondern auch ermüdete. Irgendwann wird es nämlich zur Routine, den ganzen Tag nur Nervosität, Angst und Panik zu empfinden. Und ab diesem Moment wird es deutlich einfacher, sich die positiveren Emotionen, die wir in unserem Repertoire haben, wieder „an Land zu ziehen“. Machen wir uns nichts vor: Es gibt deutlich spannendere Arten, durchs Leben zu gehen, als es uns F40.0 und F41.0 (Angststörungen nach der internationalen statistischen Klassifikation der Krankheiten und verwandter Gesundheitsprobleme) vorgaukeln wollen – geht nach Hause, ihr Langweiler!

**Akut-Tipp Nr. 14:**
Halte Folgendes schriftlich in einem Notizheft oder einem schönen Büchlein fest: a) welche Ziele du erreichen möchtest, b) was du zu tun gedenkst, um diese Ziele zu erreichen, c) was du bereits dafür getan hast und d) was dir davon gut- und weniger gutgetan hat. Entwicklungen festzuhalten, bringt viel. So lässt sich dein Fortschritt strukturieren und dein Ziel schneller erreichen. Eine wöchentliche schriftliche Evaluierung deiner Situation genügt bereits. Du kannst sie in freier Form durchführen, ähnlich einem Tagebuch.

Mute dir also nicht zu viel zu. Du musst nicht jeden Tag Sport machen, evaluieren, meditieren, sprich, das ganze Programm abarbeiten. Taste dich heran, schau, was dir Spaß macht, und kultiviere diejenigen produktiven Elemente in deinem Leben, die dir deiner Meinung nach etwas bringen.

# X
# Rückschläge gehören dazu

Für Angstpatienten ist es wichtig, erneut ein gesundes Verhältnis zum eigenen Innenleben aufzubauen. Manch ein Betroffener denkt, dass keine Angst mehr zu haben, Ziel des Genesungsprozesses sei. Das ist falsch, denn „gesunde" Angst und Panik sind einerseits wertvolle Mechanismen, andererseits fest in unserer DNA verankert. Sie gänzlich loszuwerden, ist somit ein hoffnungsloses Unterfangen.

**Akut-Tipp Nr. 15:**
Leg deinen Fokus nicht auf die Eliminierung deiner Angst, sondern auf das richtige Verhältnis zu ihr. Sie ist ein Teil von dir, und das ist auch gut so.

Ab und zu Angst zu haben, ist ein Zeichen von Gesundheit. Wer nie Angst hat, *der* sollte sich mal durchchecken lassen ... Damit ist nicht die Emotion per se dein Problem, sondern dein gestörtes Verhältnis zu ihr.

Toll, das bringt dir jetzt auch nichts, ich weiß. Aber versuch das Ganze mal aus einem humorvollen Blickwinkel zu betrachten. Nimm dich für eine Minute nicht so wichtig und führ dir vor Augen, wie lächerlich es ist, wenn einem schwindlig wird und man wackelige Beine bekommt, nur – salopp ausgedrückt – weil man zu viel nachdenkt. Die Sonne scheint, die

Vögel zwitschern, die Menschen lächeln einen an, und man selbst ist wie gelähmt. Nicht gerade eine Heldengeschichte. Sich aus dieser verflixten Lebensphase herauszukämpfen, wiederum schon.

**Akut-Tipp Nr. 16:**

Das absolut Beste, was es für mich gibt, sind Spaziergänge. Die habe ich schon geliebt, bevor sich mein Angstproblem entwickelt hatte. Einfach rauszugehen und ohne Ziel ein, zwei Stunden herumzuwandern und zu beobachten, um dann in einem Café, Restaurant oder einer Bar einzukehren, hilft, die Gedanken zu sortieren und sich körperlich ein wenig auszupowern. Währenddessen kann man sich auch wunderbar bewusst machen, wie normal bis langweilig es draußen zugeht – banal und genial zugleich.

Wenn es um Rückschläge geht, muss ich dir sagen, dass sie auf jeden Fall kommen werden. Du wirst dich mal besser fühlen, dann wieder schlechter. Dagegen ist kein Kraut gewachsen, aber das Gute an Menschen in deiner Situation ist, dass Rückschläge nicht mehr als so dramatisch bewertet werden wie der Beginn einer Angststörung. Wenn es mit einem Angstpatienten schon mal bergauf gegangen ist, hat er in den meisten Fällen Blut geleckt und möchte mit seiner Psyche wieder dorthin, wo es ruhig und friedlich ist. Glücklich sein kann süchtig machen, vor allem, wenn man es eine lange Zeit nicht war.

Bei mir war es nach drei Jahren noch so, dass sich in Situationen, in denen ein gesunder Mensch keine Angst haben sollte, wie beispielsweise auf einer einfachen Straßenbahnfahrt oder einer Flugreise, Anfänge einer Panikattacke in meinem Körper breitmachten. Das kam zwar nur noch alle paar Monate vor, aber trotzdem, es passierte nach wie vor ab und zu. Zum Ausbruch der Panikattacke kam es aber nicht mehr, weil ich über die vergangenen paar Jahre gelernt hatte, mit ihnen umzugehen.

# XI
# Der lange Weg zurück zur Normalität

Wie ich bereits erwähnt habe, wird es eine Weile dauern, bis du deine Ängstlichkeit und deine Panikattacken loswerden wirst. In diesem Kapitel möchte ich genauer darauf eingehen, auf welche Lebensbereiche du dich fokussieren könntest, um möglichst schnell wieder quickfidel durch die Gegend zu laufen.

Zuerst solltest du die Basics durchgehen, also diejenigen Lebensbereiche, die du benötigst, um nicht unter der Brücke zu landen, um es drastisch auszudrücken. Nimm ein Blatt Papier, und mach dir eine Liste, welche Bereiche das für dich sein könnten. Zum Beispiel der Weg zum und der Aufenthalt am Arbeitsplatz, der Gang zum Sozialamt oder Ähnliches.

Ob du dir deine Lebensbereiche alleine oder in Gesellschaft zurückeroberst, bleibt dir überlassen. Mach es so, wie du dich am besten dabei fühlst. Es alleine zu tun, ist zwar effektiver und führt zu nachhaltigeren Veränderungen, kostet dafür allerdings auch mehr Mut und Überwindung.

Vor allem am Anfang, falls du noch in der akuten Ich - habe - überall - und - zu - jeder - Zeit - Angst-Phase steckst, kann es ratsam sein, die ersten Schritte mit einer Vertrauensperson zu gehen, um überhaupt in die Gänge zu kommen.

**Akut-Hinweis Nr. 12:**
Einen Menschen um Hilfe zu bitten, ist kein Zeichen von Schwäche. Es bedeutet sogar das Gegenteil, denn es braucht Stärke, sich einer anderen Person offen, fehlerhaft und verletzlich zu zeigen.

Zu lange solltest du aber nicht damit warten, selbstständig nach draußen zu gehen, an diejenigen Orte und in diejenigen Situationen, an/in denen du dich unwohl fühlst. Früher oder später musst du dir selbst zeigen, dass du niemand anderen brauchst, um „der Hammer" zu sein, wie Jen Sincero sagen würde – Pflichtlektüre, siehe Kapitel XIV.

An dieser Stelle schiebe ich einen kurzen Abschnitt über das Brötchenverdienen ein, bevor ich mich mit dem Zurückerobern der Lebensbereiche beschäftigen werde, denn **Geld ist nun mal notwendig, um Grundbedürfnisse wie essen und schlafen befriedigen und damit die alltäglichsten Sorgen abhaken zu können.** Da dieses Thema ein sehr individuelles ist, werde ich es nur anschneiden.

Bei mir war es so, dass ich von zu Hause aus arbeitete und keine Kinder oder sonstige Verpflichtungen hatte, damit völlig frei über meine Zeit verfügte und nirgendwo auftauchen musste, wenn ich es nicht wollte. Einerseits ein Segen, andererseits Teil meines damaligen Problems, da eine derartige Freiheit bei falscher Handhabung zur Vereinsamung führen kann – und es bei mir auch tat.

Ich weiß nicht, ob ich es geschafft hätte, trotz meiner psychischen Störung zur Arbeit zu gehen, wenn ich das gemusst hätte. Tatsache ist, dass viele Angstbetroffene täglich zur Arbeit gehen und dort leiden, weil sie a) nicht wissen, was ihnen fehlt, und b) nicht gefeuert werden wollen. Möglich ist es also schon, sich regelmäßig durch die Arbeit zu quälen, aber es ist weder empfehlenswert noch notwendig.

Wenn du arbeitstechnisch irgendwo erscheinen musst, was höchstwahrscheinlich der Fall ist, rate ich zu einer der beiden folgenden Vorgehensweisen. Entweder du nimmst dir eine Weile frei, wenn das eine Option ist, oder du hilfst dir mit geringen Dosen Benzodiazepin, um dich während der Arbeit wohlzufühlen, denn das ist schlussendlich der Schlüssel, damit du dir diesen Lebensbereich wieder zurückerobern kannst.

Mich störte mein Problem „lediglich“ bei meiner Konzentration, weshalb ich nie viel am Stück arbeitete und die Qualität meiner Arbeit zusehends litt. Auch wenn es keinen Spaß machte, konnte ich von zu Hause aus ausreichend viel verdienen, um nicht unter der Brücke zu landen.

Viele Betroffene müssen sich darüber gar keine Gedanken machen, weil sie möglicherweise steinreich sind, Arbeitslosengeld bekommen, als Hausfrauen arbeiten oder Studenten sind und von ihren Eltern finanziell unterstützt werden.

Im Weiteren skizziere ich chronologisch, welche Lebensbereiche ich mir in welcher Form zurückholte. Der erste Schritt war, vom Bett aufzustehen und länger als eine Minute am zwei Meter entfernten Schreibtisch zu sitzen, ohne vor Erschöpfung (aufgrund von Hyperventilation) wieder ins Bett zu fallen.

Wenn ich daran denke, dass Sitzen ein Problem für mich war, muss ich schmunzeln. Das lustig zu finden, wird für dich momentan noch nicht einfach sein, aber komm schon – es sind verdammte zwei Meter gewesen!

Danach galt es für mich, meine Wohnung zu verlassen. Das war schon ein anderes Kaliber. Wenn fremde Menschen in Sicht sind, kann einem Panikpatienten schon mal das Herz in die Hose rutschen, denn die anderen könnten ja sonst was über einen denken. Vertrau mir an dieser Stelle und ignorier solche Gedanken vollkommen. **Was die anderen über dich denken, ist ab diesem Moment offiziell egal.**

Mach es dir zu Beginn trotzdem nicht zu schwer und geh nicht unbedingt dorthin, wo es viele Menschen gibt. Fahr nicht gleich U-Bahn, wenn du nicht musst. Lauf in einen nahe gelegenen Park oder flaniere durch die nachbarlichen Straßen, wenn sie nett sind, wenn nicht, versuch zum Beispiel in die Altstadt zu gelangen, ans Meer, an einen See oder Fluss, wenn etwas davon in der Nähe ist, geh in den Wald oder sonst wohin in die Natur, wo du nicht auf Anhieb von zu vielen anderen Menschen überfordert wirst.

Dann steigerst du dich. Besuch ein Café, in dem nicht viel los ist, trink ein Getränk, fühle dich 'ne Weile schlecht und paranoid, und geh dann wieder nach Hause. Im Nachhinein wird es sich großartig anfühlen, diese Hürde überwunden zu haben. Und so kannst du dich jedes Mal, wenn du nach draußen wagst, optimalerweise jeden Tag, ein klein bisschen steigern.

**Akut-Tipp Nr. 17:**
Du kannst dir auf einem Blatt Papier diejenigen Orte auflisten, an denen du dich gerne aufhältst beziehungsweise an denen du dich gerne aufhalten würdest. Und jedes Mal, wenn du an einem dieser Orte warst, kannst du ihn abhaken. Hierfür musst du für einen Augenblick vergessen, dass du aktuell noch nicht mal richtig atmen kannst – werde kreativ!

Ordne die Orte nach ihrem Schwierigkeitsgrad, etwa folgendermaßen:

- eine Runde um den Block
- der Park am Ende der Straße
- die Altstadt
- der Weg am Flussufer
- Café Einstein
- die Bibliothek
- das Kino
- die italienische Riviera.

Für deine letzte Station solltest du einen Ort wählen, der a) schwer zu erreichen ist, sprich eine längere Reise erfordert (falls du körperlich in der Lage bist, lange Reisen auf dich zu nehmen), b) einen paradiersischen Platz für dich darstellt, an den du vielleicht schon immer reisen wolltest, und c) an dem du dir vorstellen kannst, das Ende deiner Angststörung zu feiern, mit dem Sonnenuntergang vor der Nase und einem gelassenen Lächeln auf den Lippen. Klingt doch gar nicht mal so übel, oder?

Nimm dir fest vor, deine Genesung an diesem wunderschönen Ort zu feiern, und mach dir bewusst, dass du es in der Hand hast, wie schnell du dorthin kommst, wobei das paradiesische Außen vor allem als ein Spiegel deines ausgeglichenen Inneren verstanden werden soll. Wie du mittlerweile sicher schon mitbekommen hast, ist der schönste Ort nichts wert, wenn du dich innerlich mies fühlst. Umgekehrt können auch vermeintlich hässliche Orte Spaß machen, wenn man im Reinen mit sich ist.

**Akut-Tipp Nr. 18:**
Ich habe eine weitere Anregung für dich, wie du das Ende deiner Angststörung zelebrieren könntest. Das mag vielleicht ein bisschen albern klingen, aber du könntest dir einen Gegenstand zulegen, der deine Erkrankung symbolisiert – eine Repräsentation deines gestörten Verhältnisses zur Angst. Das kann alles sein: ein fies aussehendes Stofftier, ein Flummi oder sonst was. Das Ziel wäre, diesen Gegenstand am letzten Ort auf deiner Liste zurückzulassen, gemeinsam mit deiner Angststörung.

Du musst das nicht machen, wenn du dich nicht wohl dabei fühlst, aber derartige Rituale können dabei helfen, einen Schlussstrich zu ziehen.

Ich möchte an dieser Stelle erwähnen, dass du gelegentlich auch noch nach dem Besuch des letzten Ortes auf deiner Liste, also nach deiner selbst ausgerufenen Genesung, Ansätze von unangebrachter Angst und Panik wahrnehmen wirst, etwa in stressigen Ausnahmesituationen. Das wird aber halb so wild sein, und du wirst schon sehr gut mit diesen Situationen umgehen können. Derartige Flashbacks sind völlig normal und nicht als Rückfall oder Rückschritt zu sehen.

Jeder Mensch ist hin und wieder ängstlich oder panisch, allerdings reagieren ehemals Angstgestörte deutlich sensibler auf die körperlichen Anzeichen dieser Emotionen. Während „normale" Menschen das Adrenalin, die schwitzigen Hände, das schneller schlagende Herz und so weiter kaum wahrnehmen, ignorieren und mit ihrem Handeln fortfahren, nachdem sie Angst oder Panik verspürt haben, machen Gebrandmarkte schnell mal ein Fass auf, obwohl nichts Schlimmes passiert.

Wie schon erwähnt, solltest du zuerst die „allgemeinen" Lebensbereiche bearbeiten, wie aus dem Bett steigen, aus der Wohnung, in Lebensmittelgeschäfte oder Cafés gehen, um dir dein Leben Schritt für Schritt zurückzuholen. Hierauf aufbauend kommen schwierigere Aufgaben dran, wie mit der U-Bahn fahren, ein Kino oder Orte besuchen, an denen sich ähnlich viele Menschen aufhalten.

Zentral ist, dass du dir eigenständig überlegst, mit welchen Plätzen speziell du dich konfrontieren solltest, um deine Genesung voranzubringen. Herauszufinden, welche Orte das sind, ist nicht schwer. Es sind diejenigen, an denen du dich am unwohlsten fühlst – sorry!

Abgesehen von den „allgemeinen" Lebensbereichen, hat jeder so seine speziellen Problemstellen, die es in Angriff zu nehmen gilt. Bei mir, zum Beispiel, blieben die Angst und das Panikpotenzial besonders hartnäckig in folgenden Bereichen haften: lange Auto- und Busfahrten, Zahnarztbesuche, Flugreisen, aber auch

Partys und Events, auf denen ich lange mit vielen unterschiedlichen und mir unbekannten Menschen reden musste.

Du kannst, wie bereits beschrieben, diverse Hilfsmittel nutzen, um fremd gewordene Lebensbereiche zurückzugewinnen. Hierzu zähle ich alles Mögliche, von Freunden, über Baldriantabletten, Beruhigungstees und ähnlichem Gedöns bis zu den ach so bösen, weil tabuisierten Benzodiazepinen und dem Nervengift Alkohol, dem gewisse Vorteile ebenfalls nicht abzusprechen sind.

**Akut-Hinweis Nr. 13:**
Natürlich gibt es unterschiedliche Standpunkte zum Thema „Hilfsmittel". Meine bescheidene Meinung ist, dass man sie auf jeden Fall nutzen sollte, da man so viel schneller aus dem Haus und unter Leute kommt. Ohne Hilfsmittel hätte ich mich in viele wertvolle Situation entweder gar nicht erst hineinbegeben, oder ich hätte sie vorzeitig wieder verlassen.

Meine Hilfsmittel erlaubten es mir nicht nur, angstfrei zu leben, sondern sogar Spaß an der Abendgesellschaft, dem Kinobesuch, dem Café, der U-Bahnfahrt, dem Zahnarztbesuch oder dem Flug zu haben.

Wichtig ist, zu eruieren, wie hoch die Dosis des jeweiligen Hilfsmittels sein sollte und wie häufig es angewendet werden darf, um etwaige Abhängigkeiten zu vermeiden, die nicht nur von Benzodiazepinen oder Alkohol, sondern durchaus auch von Kräutern oder Freundschaften ausgelöst werden können. Die Darreichung der Hilfsmittel muss individuell abgestimmt werden, was jeder für sich alleine bewerkstelligen muss. Ich appelliere an deine (emotionale) Eigenverantwortung – auch ein Stichwort, das du bei Interesse recherchieren kannst.

**Und genau das wird eine deiner kommenden Hauptaufgaben sein, und zwar das Gleichgewicht in diesem fragilen Gebilde aus Lebensbereichen, genesender Psyche und Substanzen auszubalancieren.**

Um diesen Themenbereich formschön zu vollenden, möchte ich dich noch darauf hinweisen, dass der schnellste Weg aus der Angst derjenige ohne Hilfsmittel ist – wenn man sich direkt mit den eigenen Ängsten konfrontiert. Für viele ist das aber, vor allem zu Beginn, nicht gerade sehr einfach. Sich ohne Rücksicht auf Verluste in alle Angst machenden Situationen zu werfen und diese durchzustehen, bis die Panik besser wird, ist nicht jedermanns Sache. Wie gesagt, es gibt verschiedene Schulen der Angstbewältigung, die brachialen und die gemütlicheren.

Also, auf geht's, hol dir dein Leben zurück, denn von allein wird es dir niemand zurückgeben. Und soweit du dich dazu bereit fühlst, spring direkt in die Angst hinein! Jetzt liegt es an dir.

**Akut-Tipp Nr. 19:**

Triff einen guten Freund oder eine Person, die positiv auf dich wirkt und der du dich komplett anvertrauen kannst. Rede mit diesem Menschen über deine Angst. Es ist wichtig, dieses Problem offen anzusprechen und zu debattieren.

# XII
# Es wird nicht wie früher sein, dafür besser

Du solltest nicht darauf hoffen, wieder so wie früher leben zu können, als du noch keine Angststörung hattest, denn das wird nicht passieren. Stattdessen solltest du dir bewusst sein, dass dir die Bewältigung von Angst und Panik ein auf vielen Ebenen besseres Leben ermöglichen wird, als du es gewohnt warst.

Sicher kennst du den Spruch „Man kann nicht zweimal in denselben Fluss steigen". Das stimmt.

**Es gab gute Gründe dafür, weshalb du in deine aktuelle unschöne Situation geraten bist.** Traumata, Drogen, Selbstbetrug, ein schlechtes Verhalten gegenüber anderen Menschen, kein Kontakt zu deinem natürlichen Ursprung (aka das Gesicht permanent nur vorm Laptop), ein Mangel an Geduld, Verständnis oder Dankbarkeit und, und, und. Was auch immer es bei dir war, du wirst im Zuge deiner Genesung diejenigen destruktiven Umstände ausfindig machen, die dich aus dem Gleichgewicht gebracht haben, du wirst etwas gegen sie tun, und mit der Zeit werden sie verschwinden.

Da kommt aber noch mehr. Deine jetzige Erfahrung wird dich mit großer Wahrscheinlichkeit dazu bringen, an mehreren Ecken und Enden an dir zu arbeiten. Die Resultate dieser Arbeit werden weit über dein aktuelles Ziel, das reine „Fehlen“ von Angst, hinausgehen.

Bei mir war es so, dass ich in während meiner Recherche nicht nur Tipps zur Angstbewältigung, sondern darüber hinaus auch viele für das Glück förderliche Hinweise erhalten habe. Und ist das nicht das, was uns letztendlich alle verbindet – ein sinnvolles Leben zu führen und glücklich sein zu wollen?

Die Tipps, die sich schlau für mich anhörten, wandte ich an. Und so wirst auch du es machen.

Bei mir ist es heute so, dass ich kein gestörtes Verhältnis mehr zu Angst und Panik habe, darüber hinaus und dank meiner ehemaligen Angststörung hat sich aber noch ganz viel anderes in meinem Leben verbessert: Gesundheit, Freundschaften, mein Verständnis für das Wichtige im Leben, Karriere und so weiter.

**Akut-Tipp Nr. 20:**
Kopf hoch! Ich meine das wörtlich. Schau nicht nach unten, schau geradeaus. Geh aufrecht, nicht gebeugt. Achte auf deine Körpersprache. Fakt ist, dass sich nicht nur das Denken auf die Körperhaltung auswirkt, sondern auch, dass sich die Körperhaltung auf dein Denken auswirkt. Wer eine selbstbewusste Pose einnimmt, ist selbstbewusster. Wer lange genug lächelt, wird glücklicher. Wer entschieden und bewusst aus dem Bauch heraus spricht, hat weniger Angst beim Reden. Lies dich ein und probier's aus. Mittlerweile gibt es zahlreiche Studien zu diesem faszinierenden Thema.

# XIII
# Was mich gesund machte – Akut-Tipps und -Hinweise

**Akut-Tipp Nr. 1:**
Falls du derart große Konzentrationsschwierigkeiten haben solltest, dass es dir schwerfällt, diesen Text zu lesen, dann probier Folgendes: Manchen Betroffenen hilft Musik erstaunlich gut, um den Angstkreislauf zu durchbrechen. Versuch's einfach. Wenn's klappt, verschaffst du dir eine kurze Verschnaufpause. Wenn nicht, was soll's – dann hast du nichts verloren.

Am besten hörst du ein paar Songs von einem deiner Lieblingsinterpreten, optimalerweise sind es Lieder, die dich emotional positiv beeinflusst haben, etwa an erfreuliche Begebenheiten erinnern oder motivieren, deinen mentalen Arsch hochzubekommen. Und wenn du besonders mutig bist, kannst du währenddessen einen Spaziergang um den Block machen. Bewegung ist ebenfalls ein gutes Erste-Hilfe-Mittel gegen die Angst.

**Akut-Tipp Nr. 2:**
Lies gute Bücher oder Textpassagen, die dir einen Einblick in das Wesen des Glücks verschaffen. Du kannst dir natürlich auch Hörbücher besorgen, so kannst du schneller „lesen" und es nebenbei tun, während eines Spaziergangs, in der Straßenbahn, beim Abwasch. In

Kapitel XIV findest du eine Liste mit Büchern und anderen Quellen, die mir geholfen haben, glücklicher zu werden. Die zwei wichtigsten Autoren:

Der Dalai Lama. Von ihm gibt es kurze „Snack"-Weisheiten in gesammelter Buchform, die zum positiven Denken anregen. Und der Existenzanalytiker Viktor E. Frankl – ein Gott in Sachen Glückstheorie. Er hilft, zu verstehen, dass es keinen direkten Weg zum Glück gibt.

**Akut-Tipp Nr. 3:**

Der Begriff der „Psychohygiene", unter anderem von Viktor Frankl verwendet, ist mir im Zuge meiner Recherche zur Glücksfindung besonders stark in Erinnerung geblieben. Häufig wird er auch im Zusammenhang mit Salutogenese oder Resilienz verwendet.

Dir könnte es helfen, in diesen Bereichen zu forschen, dich einzulesen, und wenn es „nur" auf Wikipedia ist. Die Vorstellung, die Psyche zu reinigen, sauber und hygienisch zu halten wie ein Badezimmer, hat mir während meiner akuten Panik-Phase geholfen, ein gesünderes Verhältnis zu meiner Psyche zu entwickeln. Vielleicht nützt dir diese Erkenntnis ebenfalls.

**Akut-Tipp Nr. 4:**

Folgendes sollte ich vielleicht nicht empfehlen, weil es um Alkohol geht, aber mir hat eben dieser hin und wieder geholfen, deshalb mache ich es einfach: Eine kleine Menge, vernünftig (!) eingesetzt, kann helfen, den Kreislauf aus negativen Gedanken für kurze Zeit zu unterbrechen.

**Akut-Tipp Nr. 5:**
Trotz ihrer übertriebenen Darstellung können wir aus filmischen Panikattacken etwas lernen, und zwar das Atmen in eine Papiertüte – ein Klassiker. Dieser Trick hilft dabei, dem Körper weniger Sauerstoff und mehr Kohlendioxid zuzuführen.

**Akut-Tipp Nr. 6:**
Versuche, bewusst zu atmen. Wenn du lernst, wie das geht, wird das der absolute Bringer für dich sein. Welche Technik dir am meisten liegen wird, kann ich schwer einschätzen, da jeder anders tickt. Aber es schadet nicht, ein paar unterschiedliche Techniken auszuprobieren, um auszuloten, was du mit deiner Atmung alles anstellen kannst und wie sie sich auf deinen Körper und deine Psyche auswirkt.

Mir hat am Anfang vor allem die Atmung in Dreierschritten geholfen. Zweimal kurz beziehungsweise normal ein- und ausatmen, das dritte Mal normal einatmen und möglichst lange ausatmen – etwa drei bis fünfmal so lange, wie das Einatmen gedauert hat. Das kann beliebig oft wiederholt werden. Optimalerweise durch die Nase einatmen und durch den Mund wieder ausatmen, gerne auch so, dass du die Ausatmung hörst. Zähl die Dreierschritte mit, damit du deinen Fokus so gut es geht und allumfassend auf deine Atmung richten kannst. Und bitte nach Möglichkeit in den Bauch atmen und nicht in die Brust. Mit ein bisschen Übung wirst du merken, dass vermeintlich banales Atmen, das gerne belächelt und unterschätzt wird, so einiges draufhat.

**Akut-Tipp Nr. 7:**
Ein paar Worte über Benzodiazepine: Wichtig ist, zu verstehen, dass alles, was derart effektiv auf Körper und Psyche wirkt (wie der Wirkstoff Lorazepam), es nicht „umsonst" tut. Nimmt man derartige Tabletten selten, kann nicht viel passieren – höchstens ein bisschen Depristimmung am folgenden Tag. Nimmt man sie häufig, können solche Tabletten fatale Auswirkungen haben: Abhängigkeit, Reizbarkeit, Angst und Panik.

Wichtig ist aber auch, zu verstehen, dass es solche Tabletten nicht ohne Grund gibt und dass sie dabei helfen können, dir eine Pause von all der Angst und Panik zu verschaffen, wertvolle Zeit, in der du vernünftig nachdenken kannst, was überhaupt mit dir los ist.

**Akut-Tipp Nr. 8:**
Wir können am besten lernen, wenn wir Informationen auf alle möglichen Arten und Weisen aufnehmen. Wir können sie in Form von Büchern lesen, in Form von Hörbüchern hören, in Form von Videos sehen und hören. Indem wir sie aufschreiben, merkt sich unser Gehirn das frisch Gelernte am einfachsten.

**Akut-Tipp Nr. 9:**
Humor ist ein Bereich, in dem es schwer ist, konkrete Tipps zu geben, da er ganz persönlich ist und ich nicht wissen kann, was du lustig findest. Aber erinner dich, was dich früher amüsiert hat, und halte Ausschau nach neuen Medien, die dich belustigen könnten. Se-

rien, TV-Shows, Filme, Radiosendungen, Podcasts – alles ist erlaubt! Nur eines verlange ich von dir: **Du musst lachen – mindestens einmal am Tag!**

**Akut-Tipp Nr. 10:**
Steh zu deinen Fehlern, und steh zu dem, was du gut kannst. Sei ehrlich mit dir und den Menschen in deinem Umfeld. Verstell dich nicht, denn es gibt keinen Grund dafür. Die meisten erkennen ohnehin sofort, dass man sich verstellt, und das ist – sagen wir's, wie es ist – peinlich und bescheuert.

Wie wichtig es für deine Entwicklung ist, Fehler zu begehen, erklären dir die vielen im Netz herumgeisternden Coaches für Persönlichkeitsentwicklung. Ein Tipp von mir ist Alexander Wahler, von dem ich viel zu diesem Thema lernen konnte. Seine Videos findest du auf YouTube.

Und jetzt noch ein Hinweis, der mir sehr weitergeholfen hat: Beobachte mal die Menschen um dich herum, zum Beispiel wenn du in einem Café bist. Bei mir war es früher so, dass ich mir viel zu viele Gedanken darüber gemacht habe, was die anderen von mir denken. Tatsächlich ist aber jeder so sehr mit sich selbst beschäftigt, dass du sorglos tun kannst, was du möchtest, denn spätestens am nächsten Tag werden dich alle anderen Anwesenden vergessen haben, so wie du auch sie vergessen haben wirst – Ausnahmen bestätigen die Regel. Die meisten sind Zentrum ihres Universums, und die Menschen um sie herum sind nur Statisten für sie. Also mach dir nicht so viele Gedanken, was die anderen von dir denken, weil meistens tun sie es ohnehin nicht in dem von dir vermuteten Maße.

**Akut-Tipp Nr. 11:**
Geh nach draußen und rede so häufig, wie es dir möglich ist, mit anderen Menschen – dir bekannten und unbekannten. Hör ihnen zu, lass dir Geschichten erzählen, und sei offen für Neues!

**Akut-Tipp Nr. 12:**
Such dir eine Tätigkeit, in der du dich verlieren kannst. Das kann alles Mögliche sein: schnitzen, schreiben, malen – alles ist denkbar, aber besonders kreative Tätigkeiten können das Innenleben auf eine lebensbejahende Art und Weise anregen. Das Ziel ist, wie bei den meisten anderen Akut-Maßnahmen auch, dass du dein Gedankenkarussell zum Anhalten bringst.

**Akut-Tipp Nr. 13:**
Versuch zu meditieren, denn es wird dir helfen, die Zeit zu verlangsamen und dich, deinen Körper, deine Gedanken (Psyche) und deine Umwelt besser zu verstehen. Grundsätzlich genügen schon fünf bis zehn Minuten am Tag.

Sollte dir das zu anstrengend sein, weil du deine Gedanken nicht zum Schweigen bringen kannst, dann kannst du einfach mal eine halbe Stunde bis Stunde irgendwo sitzen und abwarten, was passiert. Kein Handy, kein Fernseher, kein Sport, kein Lesen, keine anderen Menschen, nichts außer dir und deinen Gedanken. Einfach nur dasitzen und sich mit sich selbst beschäftigen, beleuchtet mitunter die dunkelsten und schmerzvollsten Ecken eines menschlichen Innenlebens – das ist heilsam. Viele machen so etwas heutzutage gar nicht mehr, was zu großen Problemen führen kann. Sich permanent nur mit Unterhaltung zuzuballern, überlastet das Gehirn. Gib deinem eine Chance, sich etwas abzukühlen.

**Akut-Tipp Nr. 14:**
Halte Folgendes schriftlich in einem Notizheft oder einem schönen Büchlein fest: a) welche Ziele du erreichen möchtest, b) was du zu tun gedenkst, um diese Ziele zu erreichen, c) was du bereits dafür getan hast und d) was dir davon gut- und weniger gutgetan hat. Entwicklungen festzuhalten, bringt viel. So lässt sich dein Fortschritt strukturieren und dein Ziel schneller erreichen. Eine wöchentliche schriftliche Evaluierung deiner Situation genügt bereits. Du kannst sie in freier Form durchführen, ähnlich einem Tagebuch.

**Akut-Tipp Nr. 15:**
Leg deinen Fokus nicht auf die Eliminierung deiner Angst, sondern auf das richtige Verhältnis zu ihr. Sie ist ein Teil von dir, und das ist auch gut so.

**Akut-Tipp Nr. 16:**
Das absolut Beste, was es für mich gibt, sind Spaziergänge. Die habe ich schon geliebt, bevor ich mein Angstproblem entwickelt hatte. Einfach rauszugehen und ohne Ziel ein, zwei Stunden herumzuwandern und zu beobachten, um dann in einem Café, Restaurant oder einer Bar einzukehren, hilft, die Gedanken zu sortieren und sich körperlich ein wenig auszupowern. Währenddessen kann man sich auch wunder-

bar bewusst machen, wie normal bis langweilig es draußen zugeht – banal und genial zugleich.

**Akut-Tipp Nr. 17:**

Du kannst dir auf einem Blatt Papier diejenigen Orte auflisten, an denen du dich gerne aufhältst beziehungsweise an denen du dich gerne aufhalten würdest. Und jedes Mal, wenn du an einem dieser Orte warst, kannst du ihn abhaken. Hierfür musst du für einen Augenblick vergessen, dass du aktuell noch nicht mal richtig atmen kannst – werde kreativ!

Ordne die Orte nach ihrem Schwierigkeitsgrad, etwa folgendermaßen:

- eine Runde um den Block
- der Park am Ende der Straße
- die Altstadt
- der Weg am Flussufer
- Café Einstein
- die Bibliothek
- das Kino
- die italienische Riviera.

**Akut-Tipp Nr. 18:**

Ich habe eine weitere Anregung für dich, wie du das Ende deiner Angststörung zelebrieren könntest. Das mag vielleicht ein bisschen albern klingen, aber du könntest dir einen Gegenstand zulegen, der deine Erkrankung symbolisiert – eine Repräsentation deines gestörten Verhältnisses zur Angst. Das kann alles sein: ein fies aussehendes Stofftier, ein Flummi oder sonst was. Das Ziel wäre, diesen Gegenstand am letzten Ort auf deiner Liste zurückzulassen, gemeinsam mit deiner Angststörung.

Du musst das nicht machen, wenn du dich nicht wohl dabei fühlst, aber derartige Rituale können dabei helfen, einen Schlussstrich zu ziehen.

**Akut-Tipp Nr. 19:**
Triff einen guten Freund oder eine Person, die positiv auf dich wirkt und der du dich komplett anvertrauen kannst. Rede mit diesem Menschen über deine Angst. Es ist wichtig, dieses Problem offen anzusprechen und zu debattieren.

**Akut-Tipp Nr. 20:**
Kopf hoch! Ich meine das wörtlich. Schau nicht nach unten, schau geradeaus. Geh aufrecht, nicht gebeugt. Achte auf deine Körpersprache. Fakt ist, dass sich nicht nur das Denken auf die Körperhaltung auswirkt, sondern auch, dass sich die Körperhaltung auf dein Denken auswirkt. Wer eine selbstbewusste Pose einnimmt, ist selbstbewusster. Wer lange genug lächelt, wird glücklicher. Wer entschieden und bewusst aus dem Bauch heraus spricht, hat weniger Angst beim Reden. Lies dich ein und probier's aus. Mittlerweile gibt es zahlreiche Studien zu diesem faszinierenden Thema.

**Akut-Hinweis Nr. 1:**
Von einer Panikattacke stirbt man nicht. Es droht dir kein Herzinfarkt, kein Schlaganfall oder Ähnliches. Es kommt dir nur so vor!

**Akut-Hinweis Nr. 2:**
Laut Susan Pinkers Buch *The Village Effect*, 2014 erschienen, haben Faktoren wie Rauchen, Trinken, Sport, Ernährung und ähnliche Fitness-Evergreens einen geringeren Einfluss auf unser zu erwartendes Lebensalter als soziale Aspekte, wie zum Beispiel das soziale Netzwerk, in das wir eingebunden sind, die Qualität unserer täglichen Interaktionen mit anderen, ob wir alleine leben, in einer WG oder mit einem Partner.

**Akut-Hinweis Nr. 3:**
Für dich sollte es aktuell Ziel sein, die noch sehr breite Straße der Angst zu einem kaum noch sichtbaren Trampelpfad verkommen zu lassen.

**Akut-Hinweis Nr. 4:**
Das „Unbewusstsein", sprich nicht zu reflektieren, was und wie man denkt und tut, ist einer der Top-Gründe, wenn nicht sogar der wesentlichste Grund, für das Aufkommen von Angststörungen. Und wenn man nicht aktiv etwas dafür tut, um sich seiner selbst bewusst zu werden, kann man sehr schnell von der eigenen Psyche hereingelegt werden, etwa in Form von generalisierten Angststörungen.

**Akut-Hinweis Nr. 5:**
Denk nicht unnötig viel über das Weshalb und Warum deiner Panikattacken nach. Ich weiß, dass das schwer ist, denn wenn man schon mal vom Angststrudel erfasst wurde, denkt man vor allem an das

Negative aus der Vergangenheit und an Negatives, das in Zukunft vielleicht noch passieren wird.

Gleichzeitig ist es hilfreich, sich bewusst zu machen, dass Angststörungen nicht grundlos entstehen. Wieso ist das hilfreich? Weil Ursachen bekämpft werden können. Nimm vor allem diese Erkenntnis mit.

**Akut-Hinweis Nr. 6:**
Panikattacken können besonders zu Beginn tückisch sein, da Betroffenen der notwendige Erfahrungsschatz fehlt, um ihre Situation richtig beurteilen zu können. Es passiert häufig, dass Erkrankte versuchen, anhand ihrer Symptome ein körperliches Leiden auszumachen, obwohl der Ursprung ihres Unwohlseins allein in ihrer Psyche begründet ist.

**Akut-Hinweis Nr. 7:**
Auch der Begriff der „Derealisation" könnte dir dabei helfen, ein besseres Verständnis für deine Situation zu entwickeln und einen ersten Schritt in Richtung Genesung zu machen. Denn vergessen wir nicht: Ein unbewusstes Verhältnis zur eigenen Psyche, zum eigenen Körper und zu unserer Umwelt kann Ängste und ein Gefühl von Beklommenheit auslösen.

Nicht bei jedem, der eine Angststörung und Panikattacken hat, muss auch das Derealisationserleben einsetzen. Bei mir war es so, was ich auf meine damals pausenlose Nervosität zurückführe, aufgrund derer ich falsch atmete, deshalb ständigen Schwindel bekam und folglich eine veränderte Wahrnehmung meiner Umwelt entwickelte.

Und genau das ist Derealisation: eine anomale und verfremdete Wahrnehmung der Umwelt. Die Veränderung der Wahrnehmung kann unterschiedlich ausgeprägt sein. In meinem Fall war es so, dass ich organische Stoffe (Erde, Blumen, Salat, meine Hände) als viel „greller" und „lebendiger" wahrnahm, als sie meiner Meinung nach hätten sein sollen. Sie stachen mir förmlich in die Augen, was mir Angst machte, da ich noch nicht wusste, was mir fehlte. Ich begann, zu glauben, dass mir der Verstand flöten ging, dabei war alles relativ einfach zu erklären und – im Endeffekt – harmlos.

Solltest du also derartige oder ähnliche Veränderungen deiner Umwelt feststellen, beschäftige dich mit Derealisation.

**Akut-Hinweis Nr. 8:**
Wer an einer Angststörung leidet respektive neurotisch ist, der hat die geringsten Chancen, eine Psychose zu erleiden, sprich: tatsächlich verrückt zu werden.

**Akut-Hinweis Nr. 9:**
Ich bin mir sicher, dass du so genau wie möglich wissen möchtest, was eine Angststörung im Körper auslöst und welche unterschiedlichen Arten es gibt. Lies dich in die Materie ein, denn je besser du weißt, was du hast, was in dir vor sich geht und wie sich dies auf deinen Körper auswirkt, desto einfacher wird es für dich werden, mit deiner Angst und Panik umzugehen sowie sie früher oder später hinter dir zu lassen. Passende Literaturtipps findest du in Kapitel XIV.

**Akut-Hinweis Nr. 10:**
Die Persönlichkeit eines Menschen ist nicht statisch, besser gesagt, jeder hat das Potenzial, seine eigene Persönlichkeit zu verändern. Persönlichkeitsmerkmale können als Stärken oder Schwächen gedeutet werden, wie die Fähigkeit zur Resilienz oder ein geringes Selbstbewusstsein. Ferner unterstützen oder erschweren diese Merkmale das Wohlbefinden.

Noch vor nicht allzu langer Zeit dachte man, dass die menschliche Persönlichkeit nach rund dreißig Lebensjahren „fertig" sei und danach nicht mehr großartig wechseln würde. Heute ist man schlauer, und es ist kein Geheimnis, dass sich der Charakter eines Menschen bis zu seinem Tod verändert. Deshalb ist es nicht verkehrt, diese Entwicklung in eine positive Richtung zu steuern, indem man an sich arbeitet.

**Akut-Hinweis Nr. 11:**
Das Ablegen von negativen Angewohnheiten und Charaktereigenschaften braucht Zeit. Grundsätzlich geht man in der Verhaltenspsychologie davon aus, dass es rund dreißig bis neunzig Tage dauert, bis man sich eine unliebsame Verhaltensweise abgewöhnt hat, etwa spätes Aufstehen, ungesundes Essen, Bewegungsmangel, zu viel im Internet surfen. Sind abhängig machende Substanzen mit im Spiel (wie Nikotin), kann es länger dauern.

Möchte man sein Verhalten ändern, fällt das zunächst sehr schwer, aber nach ein paar Tagen geht es schon einfacher, und nach ein paar Wochen wird die neue Verhaltensweise zu einem Automatismus. Ergo: Veränderungen im Verhalten können zunächst sehr fordernd sein, können dafür relativ schnell umgesetzt werden.

**Akut-Hinweis Nr. 12:**
Einen Menschen um Hilfe zu bitten, ist kein Zeichen von Schwäche. Es bedeutet sogar das Gegenteil, denn es braucht Stärke, sich einer anderen Person offen, fehlerhaft und verletzlich zu zeigen.

**Akut-Hinweis Nr. 13:**
Natürlich gibt es unterschiedliche Standpunkte zum Thema „Hilfsmittel". Meine bescheidene Meinung ist, dass man sie auf jeden Fall nutzen sollte, da man so viel schneller aus dem Haus und unter Leute kommt. Ohne Hilfsmittel hätte ich mich in viele wertvolle Situation entweder gar nicht erst hineinbegeben, oder ich hätte sie vorzeitig wieder verlassen.

Meine Hilfsmittel erlaubten es mir nicht nur, angstfrei zu leben, sondern sogar Spaß an der Abendgesellschaft, dem Kinobesuch, dem Café, der U-Bahnfahrt, dem Zahnarztbesuch oder dem Flug zu haben.

# XIV
# Tipps für deine weiterführende Recherche

In diesem Unterkapitel nenne ich ein paar Bücher, Hörbücher und Filme, die ich selbst im Zuge meiner Genesung konsumiert habe und die mir dabei geholfen haben, meine Angststörung im Alleingang zu bewältigen. Diese Liste erhebt keinen Anspruch auf Richtigkeit oder Vollständigkeit und möchte lediglich Impulse setzen, anhand derer du weiterführende Recherchen anstellen kannst.

## Lesbares

Bücher vom **Dalai Lama**, wie zum Beispiel *Die Regeln des Glücks* oder *Der Weg zum sinnvollen Leben*, ermöglichen es dir, einen wertschätzenden und ruhigen Blick auf das Leben zu kultivieren.

Bücher von **Viktor E. Frankl**, wie etwa *... trotzdem Ja zum Leben sagen* oder *Psychotherapie für den Alltag*, lassen dich verstehen, was Glück ist und wie es sich einstellen kann.

Eine grundsätzliche Vorstellung davon, wie großartig du eigentlich bist, bekommst du von **Jen Sincero** und ihrem Buch *Du bist der Hammer!*

*Leben nach dem Tod* von **Raymond Moody** hilft, die Angst vor dem Tod zu reduzieren.

*Still* von **Susan Cain** zeigt dir, welche Vorteile Schüchternheit und Introvertiertheit mit sich bringen.

**Susan Pinkers** *The Village Effect*, 2014 erschienen, eröffnet einen Blick auf die Wichtigkeit sozialer Kontakte.

*Angst- und Panikerkrankungen* von **Borwin Bandelow** erklärt ausführlich, welche Arten von Angststörungen es gibt und was im Körper passiert, während man eine Panikattacke hat.

Ein Buch, das neurologische Erkenntnisse mit Meditation vereint, ist *Hirnforschung und Meditation* von **Wolf Singer** und **Matthieu Ricard**.

Ein weiteres gutes Buch über das Meditieren ist *Meditation für Skeptiker* von **Ulrich Ott**.

Aus dem fiktiven Bereich kann ich die Erzählung *Das Café am Rande der Welt* von **John Strelecky** empfehlen.

*Sei wie ein Fluss, der still die Nacht durchströmt* ist ein Geschichtenband von **Paulo Coelho**, der ebenfalls zum positiven Nachdenken anregt.

## Hörbares

*Headspace* ist eine gut programmierte App des Schriftstellers **Andy Puddicombe**, die dir beim Meditieren hilft. Hierfür musst du Englisch können.

Hier muss ich noch einmal *Du bist der Hammer!* von **Jen Sincero** erwähnen, da sowohl das englische als auch das deutsche Hörbuch wunderbar eingesprochen wurden.

*Die Kunst des guten Lebens* ist ein pragmatisches und leicht auf den Alltag anzuwendendes Hörbuch von **Rolf Dobelli**.

*Vom weisen und glücklichen Leben* ist eine Sammlung von Gedichten und Kurzgeschichten der Schwergewichte der Literaturgeschichte – **Hesse, Goethe, Rilke, Tucholsky** et cetera.

*Sanft und Sorgfältig* aka *Fest und Flauschig*, der Podcast von **Jan Böhmermann** und **Olli Schulz**. Zwei Typen, die Quatsch erzählen.

## Schaubares

Der YouTube-Kanal von **Alexander Wahler** hat mir einen gut erklärten und interessanten Einblick in die Welt der Persönlichkeitsentwicklung geliefert.

Auf dem YouTube-Kanal von **Biyon Kattilathu** erfährst du, wie einzigartig und wertvoll du bist.

Auch Filme können helfen, Wertschätzung für das Leben zu gewinnen. Drei Tipps von mir: ***Das Glücksprinzip***, ***Das erstaunliche Leben des Walter Mitty*** und ***Das Streben nach Glück***.

# XV
# Das Wesen des Glücks und der Sinn des Lebens

Ob in der Philosophie, der Psychologie oder den unterschiedlichen religiösen und/oder spirituellen Weltanschauungen, es existieren zahlreiche Ansätze, was Glück bedeutet und worin der Sinn des Lebens besteht. Auf solch strittige Fragen gibt es keine eindeutigen Antworten, vor allem nicht auf die zweite. Aber widmen wir uns zuerst der Frage nach dem Wesen des Glücks.

Glück ist nichts, was auf direktem Wege erreicht werden kann. Der Glaube, es sei so, lässt viele Menschen ein ausgehöhltes Leben führen. Damit meine ich, dass diese Menschen Glück mithilfe von unmittelbaren Befriedigungen einzufangen versuchen. Beispiele hierfür sind materielle Güter, den Körper und den Geist stimulierende Substanzen – womit nicht nur Drogen und Alkohol gemeint sind, sondern auch „normales" Essen und Trinken –, unergiebige Treffen mit anderen Menschen, nur um Einsamkeit zu vermeiden, das Zuballern des Gehirns mit passiver Unterhaltung (wie YouTube oder Fernsehen) und Ähnliches.

Bitte nicht falsch verstehen. Das sind alles Dinge, die man genießen kann, und es ist nichts falsch daran, die Schönheit von Gegenständen, gutes Essen, die Gesellschaft anderer Menschen und Unterhaltung in sich aufzunehmen. Der springende Punkt ist, wie man es tut.

Unsere unmittelbaren Bedürfnisse zu befriedigen, führt zu temporären Highs, zu Hochs, die relativ schnell wieder verblassen.

Genießen zu können, ist ein wichtiger Aspekt der menschlichen Existenz. Ohne diese Fähigkeit ist es schwierig, ein gutes und glückliches Leben zu führen, allerdings ist es wichtig, zu verstehen, dass es nicht der Genuss selbst ist, der uns glücklich macht.

Jeder von uns kennt Beispiele von reichen Menschen, die alles haben, was sie wollen, und trotzdem unglücklich sind. Auf der anderen Seite gibt es genügend Menschen, die in materieller Hinsicht beinahe nichts haben und dennoch selig lächeln können und glücklich sind.

Es ist also offenkundig, dass das Glück nicht im Außen zu finden ist, sondern ausschließlich im Innen – auch wenn das Außen dabei helfen kann, sich innen wohlzufühlen.

So weit, so gut.

Aber wie können wir unser Inneres dabei unterstützen, uns glücklich fühlen zu lassen? Wie ich in diesem Buch häufig erwähnt habe, ist es gut, sich seiner selbst und seiner Umwelt bewusst zu sein, sprich: präsent zu sein. Andererseits habe ich erwähnt, dass man vor allem dann glücklich sein kann, wenn man sich in einer Tätigkeit (die einen ausfüllt) oder einem Menschen (den man liebt) verliert. Wie sind diese beiden, auf den ersten Blick gegensätzlichen Aussagen miteinander zu verbinden?

Ganz einfach, und zwar durch unser Momentempfinden. Indem wir unser Selbstbewusstsein trainieren, fällt es uns in der Folge leichter, uns in einer Tätigkeit oder in einem anderen Menschen zu verlieren – salopp ausgedrückt: die Kontrolle abzugeben und uns gehen zu lassen.

Sich zu verlieren, funktioniert nur augenblicklich, in der Gegenwart. Sich im Nachhinein (indem man an Vergangenes denkt) oder auf Vorrat (indem man Zukünftiges plant) zu verlieren, geht nicht. Vergangenes zu verarbeiten und Künftiges zu planen, bedeutet, grundlegend wichtige Vorarbeit zu leisten, um augenblicklich überhaupt glücklich sein zu können, und dennoch: Glück passiert einzig im Hier und Jetzt – eine Binsenweisheit, ich weiß.

Viktor Frankl führt diesbezüglich die Analogie des Augapfels an, der seine Funktion des Sehens erfüllt, ohne sich selbst zu sehen. So ist es auch mit dem Wesen des Glücks, denn indem wir uns verlieren, beachten wir uns nicht mehr selbst und können uns selbstvergessen gut fühlen – glücklich sein. **Genau dann, wenn man für sich selbst *nicht mehr ist*, ist man dort, wo sich Glück einstellen kann.**

Was lernen wir daraus?

Es ist nicht notwendig, dem Glück hinterherzulaufen, denn es lässt sich nicht einfangen. Ferner: Befriedigte Bedürfnisse werden stets von neuen ersetzt.

Um glücklich zu sein, muss man a) finden, was man gerne tut, was einen ausfüllt, und b) dieses dann auch tun. Dieses Etwas – sei es eine Tätigkeit oder ein anderer Mensch – muss man natürlich nicht die ganze Zeit tun oder bei sich haben, ab und an genügt. Und wenn man dieses ausfüllende Etwas im Leben hat, kommt das Glück ganz von allein – ein beruhigender Gedanke!

Hinzu kommt, dass ein ausfüllendes Etwas das Resilienzvermögen erhöhen kann. Anders ausgedrückt: Man wird resistenter gegenüber allen Hindernissen, die im Leben auf einen warten. Die Resilienz eines Menschen steigt also, wenn er etwas hat, wofür er lebt und stirbt, oder um es mit Jack Kerouacs Worten zu sagen: wofür er brennt.

Und um erneut Viktor Frankl zu bemühen beziehungsweise Friedrich Nietzsche, von dem Frankl folgenden berühmten Ausspruch übernommen hat: „Wer ein Warum zu leben hat, erträgt fast jedes Wie."

Der Lebenssinn koppelt sich in meiner Weltanschauung eng an das Wesen des Glücks. Es ist sinnvoll, im Leben zu finden, was man gerne tut, und es dann auch zu tun sowie sich seinen Mitmenschen liebevoll und voller Mitgefühl zuzuwenden.

Das eigene Denken und Handeln regelmäßig zu hinterfragen, ehrlich zu sich und anderen zu sein, sich niemals als einen „fertigen" Menschen zu betrachten, sondern stets und bis zum Schluss an sich zu arbeiten, niemanden zu hintergehen, sich aufgrund eines bewussten Lebensstils Abhängigkeiten zu widersetzen – von Substanzen über zwischenmenschliche Beziehungen bis hin zur modernen Technik –, das sind Basics, die meinem Leben Sinn verleihen.

Für mich hat das Leben per se keinen Sinn, sondern es erhält erst dadurch einen, indem ich es mit Sinn fülle. An manchen Tagen klappt das super, an anderen nicht so gut, und das gehört zum Game dazu. Das Leben ist nicht fair, und das Leben ist alles andere als perfekt, was nicht bedeutet, dass es nicht sinnvoll und glücklich verbracht werden kann. Du hast es selbst in der Hand.

# XVI
# Mentalen Arsch hoch, Glückseligkeit ahoi

Ich appelliere an dich: Spring mitten in die Angst hinein, sooft du kannst.

Sei kein Opfer äußerer Umstände. Gestalte dein Leben aktiv.

Du hast Bedürfnisse. Arbeite auf deren Erfüllung hin.

Es gibt Dinge, die du verändert wissen möchtest. Arbeite auf deren Veränderung hin.

Mach das alles bewusst, und vergiss nicht die anderen. Damit meine ich nicht nur deine Familie und deine Freunde, sondern auch all die anderen Menschen, auf deren Arbeit dein Wohlstand fußt.

Sei dankbar für das, was du hast.

Sei dankbar für die Erfahrung des Lebens, das du gestalten kannst, wie du möchtest.

Die Welt wimmelt nur so von Menschen, die dir aufzeigen möchten, wie schwer das Leben ist, und die überall nur Probleme sehen. Lass dich nicht unterkriegen.

Sei der „Hammer", wie Jen Sincero sagen würde, und lass dein altes Trauerkloß-Dasein hinter dir.

Trainiere dir Mut an.

Hab Angst und schau, was sich dahinter verbirgt. Ich verspreche dir, du wirst es lieben.

Versuche das, was dir alltäglich widerfährt, nicht allzu ernst zu nehmen. Bleib locker, denn Verbissenheit hat noch niemandem geholfen, ein glückliches oder sinnvolles Leben zu führen.

Geh hin und wieder ein Risiko ein und vertraue darauf, dass alles gut wird.

Hab keine Angst, Fehler zu begehen. Wenn du aus ihnen lernst, sind sie Gold wert.

Hör auf, alles kontrollieren zu wollen. Das geht nicht, und das ist nicht notwendig.

Staune, so viel du kannst.

Lache, so viel du kannst.

Lerne, so viel du kannst.

Sei albern, sooft du kannst.

Falle auf und gib nichts darauf, was die anderen von dir denken.

Frei nach dem Dalai Lama: Wenn es etwas gibt, das dir nicht gefällt, verändere es, wenn das aber nicht geht, akzeptiere es.

Such dir deinen eigenen einzigartigen Weg durch das Phänomen, das wir Leben nennen. Du hinterlässt Spuren im „Sand der Zeit“, die in ihrem Vergehen konserviert bleiben, die gesetzt wurden und die niemand mehr aus der Geschichte der Zeit wird entfernen können.

Fühl dich nicht klein, fühl dich als Teil des großen Ganzen.

Und vergiss nicht: Du bestehst aus Sternenstaub, der Jahrmillionen alt ist.

# XVII
# Mein Freund, die Angst

Mir hat es geholfen, meiner Angst eine menschliche Note zu verleihen, konkret ausgedrückt: sie mir als einen Freund vorzustellen.

Während meiner akuten Panik-Phase habe ich gegen die Angst angekämpft, was meine Situation nur verschlimmerte. Seit ich mit meiner Angst zusammenarbeite, geht es mir besser. Sie ist eine unserer sieben Grundemotionen, und sie will weder mir noch dir etwas Böses, sondern sie ist dazu da, uns am Leben zu halten.

Es kann vorkommen, dass man sich in einer Lebensphase verirrt und in weiterer Folge zu weit von der Angst distanziert. Das ist halb so wild.

Wie sagt man so schön (Kitschalarm): Auch wenn es wolkig, grau und regnerisch ist, hinter den Wolken scheint immer die Sonne. Es gilt, diese Wolkendecke zu durchbrechen, wie es ein Flugzeug tut.

Eine weitere Flugzeug-Metapher verdeutlicht uns, wie wichtig eine regelmäßige Reevaluierung des eigenen Fühlens, Denkens und Handelns ist. Genau das ist nämlich der Schlüssel zum Erfolg in Sachen Angstbewältigung. So wie ein Flugzeug seinen Kurs mehrmals pro Minute neu berechnet, damit es sein Ziel erreichen kann, sollten auch wir unsere Weltanschauungen regelmäßig prüfen, um unseren Weg nicht zu verlieren.

In diesem Sinne: **Danke, liebe Angst, dass du mir die Gelegenheit gegeben hast, zu wachsen.**